2024 | プロ野球を統計学と
客観分析で考える

デルタ・ベースボール・リポート | **7**

岡田友輔／道作／蛭川皓平／佐藤文彦／
市川博久／馬見塚尚孝／宮下博志／並木晃史／二階堂智志

プロ野球を統計学と客観分析で考える
デルタ・ベースボール・リポート 7
2024　目次

指標推移でとらえる 2024 年の NPB の動き

Wins Above Replacement（WAR）

打撃、守備、走塁、投球を総合的に評価して選手の貢献度を表す指標。あらゆる選手を同じ土俵で比較することができる。同じ出場機会分を最小のコストで代替可能な選手（リプレイスメント・レベルの選手）が出場する場合に比べてどれだけチームの勝利数を増やしたかを表す。さまざまな算出法が提案されているが、一般的な枠組みは「攻撃評価＋守備評価＋守備位置補正＋投球評価＋代替水準対比価値」となる。

阪神タイガース　Hanshin Tigers

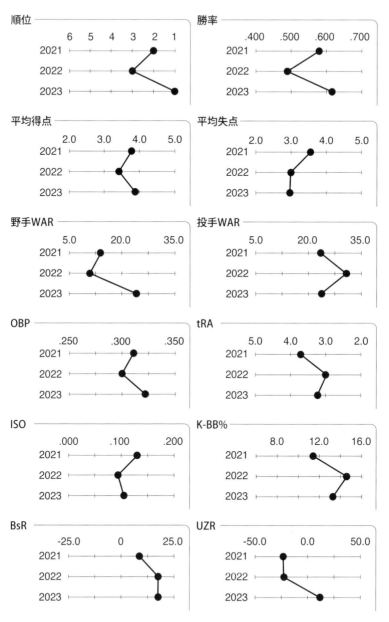

ポジション別獲得 WAR の推移

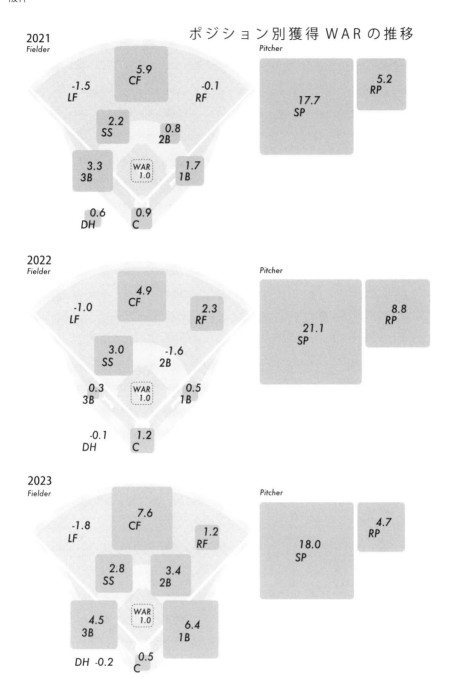

2021
Fielder

- 5.9 CF
- -1.5 LF
- -0.1 RF
- 2.2 SS
- 0.8 2B
- 3.3 3B
- WAR 1.0
- 1.7 1B
- 0.6 DH
- 0.9 C

Pitcher

- 17.7 SP
- 5.2 RP

2022
Fielder

- 4.9 CF
- -1.0 LF
- 2.3 RF
- 3.0 SS
- -1.6 2B
- 0.3 3B
- WAR 1.0
- 0.5 1B
- -0.1 DH
- 1.2 C

Pitcher

- 21.1 SP
- 8.8 RP

2023
Fielder

- 7.6 CF
- -1.8 LF
- 1.2 RF
- 2.8 SS
- 3.4 2B
- 4.5 3B
- WAR 1.0
- 6.4 1B
- DH -0.2
- 0.5 C

Pitcher

- 18.0 SP
- 4.7 RP

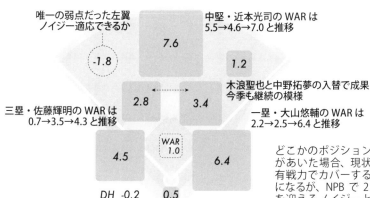

唯一の弱点だった左翼
ノイジー適応できるか

-1.8

7.6

中堅・近本光司の WAR は
5.5→4.6→7.0 と推移

1.2

2.8

3.4

木浪聖也と中野拓夢の入替で成果
今季も継続の模様

三塁・佐藤輝明の WAR は
0.7→3.5→4.3 と推移

一塁・大山悠輔の WAR は
2.2→2.5→6.4 と推移

4.5

WAR
1.0

6.4

DH -0.2　　0.5

昨季はほとんどのポジションで平均以上の競争力を保持し、ノイジー（WAR-1.3）が主に守った左翼で生じたマイナスは問題とならないくらいのWARを確保した。出場していた選手の年齢的にも極端な加齢が成績に影響をもたらしそうな気配はない。ある程度成績が上振れした結果であり、数字は多少下がるかもしれないがアクシデントがなければその幅もそこまで大きくならないように映る。ただ、ルーキーだった森下翔太（1.6）が主に務めた右翼については揺れを想定する必要もありそう。補強はほぼ行っておらず、不振選手が出てどこかのポジションに穴があいた場合、現状は現有戦力でカバーすることになるが、NPBで2年目を迎えるノイジーとミエセス（-0.2）のアジャストが進めば頼もしい存在となる。日本人のバックアップは守備やスピードを武器にする選手が目立ち、ケガなどでレギュラーが欠けた場合の攻撃力の目減りはある程度覚悟が必要かもしれない。レギュラーのコンディションへの留意が連覇に向けたカギになる可能性もある。

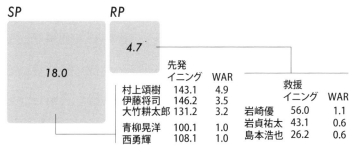

SP

18.0

RP

4.7

先発		
	イニング	WAR
村上頌樹	143.1	4.9
伊藤将司	146.2	3.5
大竹耕太郎	131.2	3.2
青柳晃洋	100.1	1.0
西勇輝	108.1	1.0

救援		
	イニング	WAR
岩崎優	56.0	1.1
岩貞祐太	43.1	0.6
島本浩也	26.2	0.6

抜群のディフェンスをリードした投手陣は先発・救援ともにバランスよくWARを獲得。ただ先発陣には、昨季が一軍では初のシーズンを通しての稼働であった村上頌樹（WAR4.9）やセ・リーグでの初年度だった大竹耕太郎（3.2）なども名を連ねており、成績の継続性については注意が必要かもしれない。ただ昨季は実績からすれば振るわなかった青柳晃洋（1.0）や西勇輝（1.0）らには登板機会、投球の質ともに上積みの余地があるように映る。不振を互いにカバーしながらローテーションを回せれば極端な数字の落ち込みを回避する術は見つかるだろう。ブルペンは新外国人・ゲラやオリックスから加入した漆原大晟（-0.2）の稼働や昨季は限定的な稼働に終わった湯浅京己（-0.1）の復調があればさらに上積みも。

広島東洋カープ Hiroshima Toyo Carp

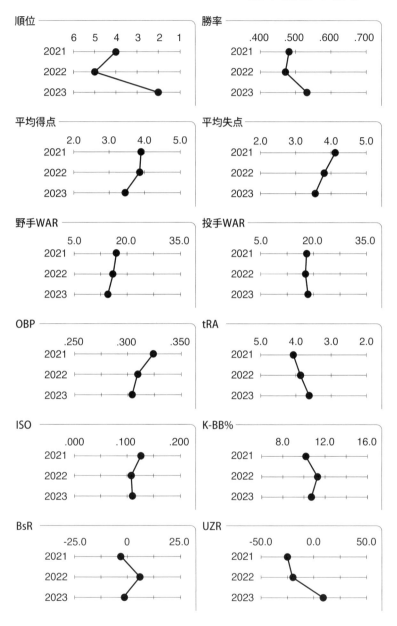

ポジション別獲得 WAR の推移

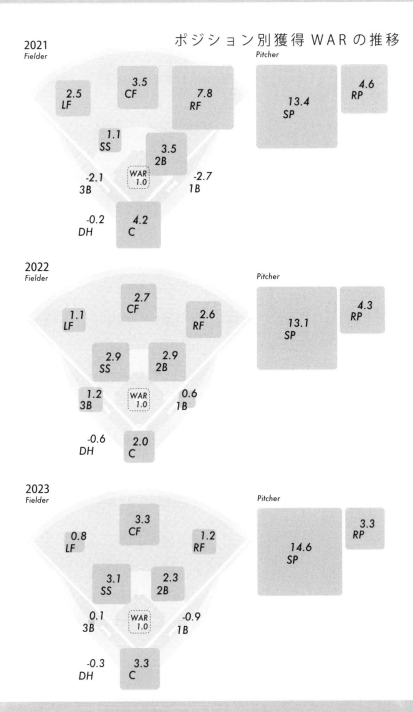

2021
Fielder

2.5 LF	3.5 CF	7.8 RF
	1.1 SS	3.5 2B
-2.1 3B	WAR 1.0	-2.7 1B
-0.2 DH	4.2 C	

Pitcher

13.4 SP
4.6 RP

2022
Fielder

1.1 LF	2.7 CF	2.6 RF
	2.9 SS	2.9 2B
1.2 3B	WAR 1.0	0.6 1B
-0.6 DH	2.0 C	

Pitcher

13.1 SP
4.3 RP

2023
Fielder

0.8 LF	3.3 CF	1.2 RF
	3.1 SS	2.3 2B
0.1 3B	WAR 1.0	-0.9 1B
-0.3 DH	3.3 C	

Pitcher

14.6 SP
3.3 RP

2024 年の動向

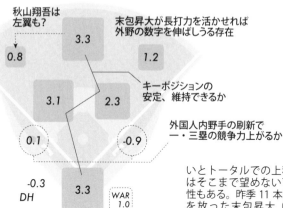

秋山翔吾は
左翼も？

0.8

3.3

1.2

末包昇大が長打力を活かせれば
外野の数字を伸ばしうる存在

3.1

2.3

キーポジションの
安定、維持できるか

0.1

-0.9

外国人内野手の刷新で
一・三塁の競争力上がるか

-0.3
DH

3.3

WAR
1.0

センターラインが安定していた一方、両コーナーで WAR を稼げていなかった広島。一塁を守ったマクブルーム（WAR-0.3）と三塁を守ったデビッドソン（0.5）とは契約を更新せず、新たな外国人内野手のシャイナーとレイノルズを獲得。堂林翔太（0.1）と田中広輔（1.0）

がこれをバックアップするかたちで戦っていくとみられる。外野は左翼のレギュラーだった西川龍馬（1.3）が FA でオリックスに移籍。ここには中堅から秋山翔吾（3.1）を回す様子があり守備などで大きな数字を記録するかもしれない。ただ中堅を埋める選手が登場しな

いとトータルでの上積みはそこまで望めない可能性もある。昨季 11 本塁打を放った末包昇大（0.6）のコンディションが整えば布陣も変わってきそうで、左翼もしくは右翼のWAR を伸ばしうる存在といえる。遊撃・小園海斗（2.5）、二塁・菊池涼介（1.6）、捕手・坂倉将吾（3.4）のキーポジションでの貢献は競争力の源泉。同レベルのパフォーマンスを保てるかどうかが、上位争いの前提となる。

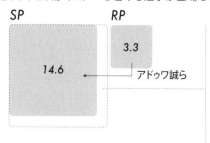

SP

RP

3.3

14.6

アドゥワ誠ら

数字を伸ばすために
活躍が必要な選手

	先発イニング	WAR
野村祐輔	31.0	0.9
森翔平	50.1	0.8
黒原拓未	10.2	0.2
玉村昇悟	45.1	0.2
アドゥワ誠	-	0.2
ハッチ	-	-

野手陣に比べると投手陣の WAR は伸びておらず、失点減は昨季以上に勝利を重ねていくための条件だが、長くローテーションを支えてきた九里亜蓮（4.2）と大瀬良大地（1.8）も 30 歳を超えており突き上げが求められる状況に

ある。先発陣の入替は限定的でアンダーソン（0.9）に代わってハッチが加わった程度に留まった。2019 年に 14 試合に先発した経験を持つアドゥワ誠（0.2）ら若手の戦力化を待つかたちか。救援陣も平均かそれを少

し割るレベルにあり上積みを目指していくことになるが、こちらも動きは外国人投手の入替程度となっている。先発と同様に既存選手とドラフトで獲得した選手からの戦力確保が数字上積みの条件となりそうだ。

基本指標の推移

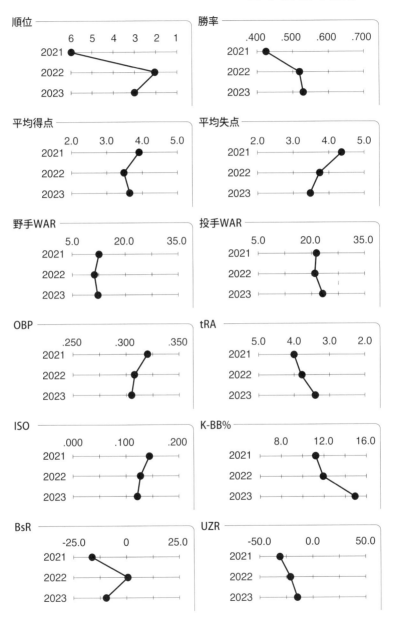

ポジション別獲得 WAR の推移

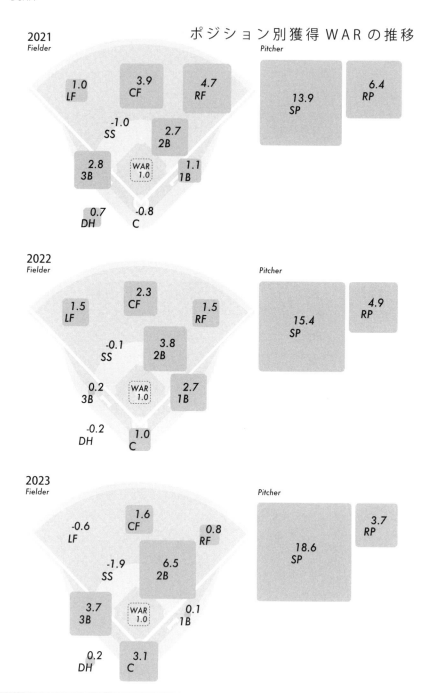

2021
Fielder

- 1.0 LF
- 3.9 CF
- 4.7 RF
- -1.0 SS
- 2.7 2B
- 2.8 3B
- WAR 1.0
- 1.1 1B
- 0.7 DH
- -0.8 C

Pitcher

- 13.9 SP
- 6.4 RP

2022
Fielder

- 1.5 LF
- 2.3 CF
- 1.5 RF
- -0.1 SS
- 3.8 2B
- 0.2 3B
- WAR 1.0
- 2.7 1B
- -0.2 DH
- 1.0 C

Pitcher

- 15.4 SP
- 4.9 RP

2023
Fielder

- -0.6 LF
- 1.6 CF
- 0.8 RF
- -1.9 SS
- 6.5 2B
- 3.7 3B
- WAR 1.0
- 0.1 1B
- 0.2 DH
- 3.1 C

Pitcher

- 18.6 SP
- 3.7 RP

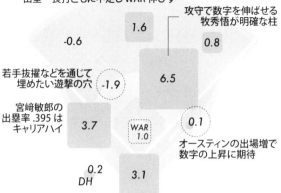

外野は桑原将志らが好守みせるが
出塁・長打ともに不足し WAR 伸びず

攻守で数字を伸ばせる
牧秀悟が明確な柱

若手抜擢などを通じて
埋めたい遊撃の穴

宮﨑敏郎の
出塁率 .395 は
キャリアハイ

オースティンの出場増で
数字の上昇に期待

-0.6　1.6　0.8

-1.9　6.5

3.7　WAR 1.0　0.1

0.2 DH　3.1

2018 年から 6 シーズンプレーしたソト（WAR1.0）が退団。一方で補強は投手陣中心で野手はドラフトでの獲得を除くと大きな動きはない。昨季は二塁の牧秀悟（6.6）と三塁の宮﨑敏郎（4.4）、攻撃力を備えた選手を擁する捕手が強みとなっていた。今季はこれに加えて昨季は出場機会が少なかったオースティン（0.2）が守るとみられる一塁を強みにできれば、野手陣の競争力はある程度算段がつ

きそうだ。若返りを図っている遊撃は様々な選手にチャンスが回りそうだが、林琢真（-0.8）や森敬斗（-0.2）らが成長を果たせば、現状のマイナスを埋めることはできるかもしれない。

外野は中堅と右翼の守備力は一定レベルを記録するも全般的に出塁、長打ともに不足し数字を伸ばせていない。長打は内野手に託し出塁での貢献を目指すかたちもあるかもしれないが、どちらかというとスイングしていくタイプの外野手が多い。このあたりのバランスがとれれば、得点力はさらに上昇していく可能性がある。

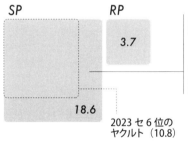

SP　RP

3.7

18.6

2023 セ 6 位の
ヤクルト（10.8）

ハイレベルな先発投手の離脱で
失われる WAR

	先発イニング	WAR
今永昇太	148.0	4.4
バウアー	130.2	3.2
ガゼルマン	64.2	0.5

このオフは先発陣に大きな動きが発生。今永昇太（WAR4.4）が MLB 挑戦で退団し、バウアー（3.2）も自由契約となった。両者とやはり退団したガゼルマンの稼いだ WAR8.1 を昨季獲得分からそのまま引くと 10.5 となり、これはリーグで最も低かっ

たヤクルトと同じレンジの値になる。残る投手たちが成績を伸ばせず 3 投手が担った 350 イニング弱を控え投手レベル（＝WAR0.0）の投球でまかなった場合の推定値でありそこまで下落する可能性は低いが、底としてはそれくらいを想定する必

要もある。森唯斗（0.7）や佐々木千隼（0.0）らの移籍組、新外国人、小園健太ら有望株の台頭のほか、短いイニングを担う先発投手の活用など運用面の工夫で、数字の下落をどこまで抑えられるか。

読売ジャイアンツ Yomiuri Giants

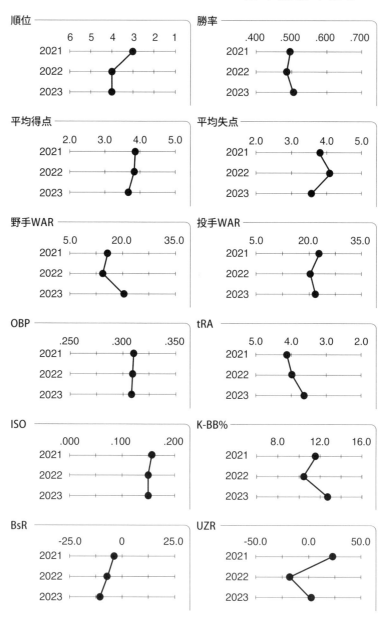

順位

	6	5	4	3	2	1
2021						
2022						
2023						

勝率

.400 .500 .600 .700
2021
2022
2023

平均得点

2.0 3.0 4.0 5.0
2021
2022
2023

平均失点

2.0 3.0 4.0 5.0
2021
2022
2023

野手WAR

5.0 20.0 35.0
2021
2022
2023

投手WAR

5.0 20.0 35.0
2021
2022
2023

OBP

.250 .300 .350
2021
2022
2023

tRA

5.0 4.0 3.0 2.0
2021
2022
2023

ISO

.000 .100 .200
2021
2022
2023

K-BB%

8.0 12.0 16.0
2021
2022
2023

BsR

-25.0 0 25.0
2021
2022
2023

UZR

-50.0 0.0 50.0
2021
2022
2023

ポジション別獲得 WAR の推移

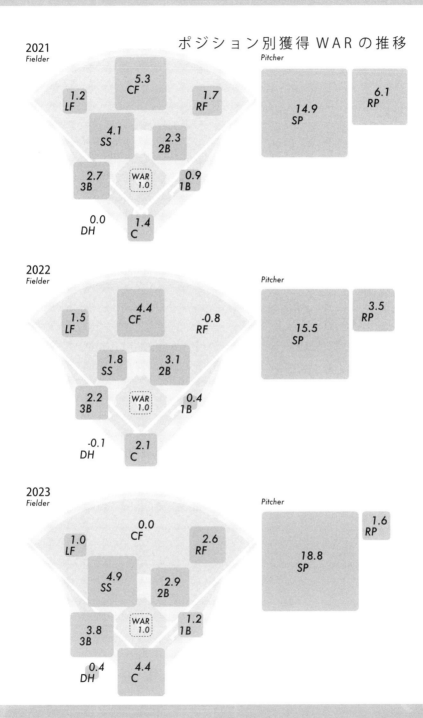

2021
Fielder

- 5.3 CF
- 1.2 LF
- 1.7 RF
- 4.1 SS
- 2.3 2B
- 2.7 3B
- WAR 1.0
- 0.9 1B
- 0.0 DH
- 1.4 C

Pitcher

- 14.9 SP
- 6.1 RP

2022
Fielder

- 4.4 CF
- 1.5 LF
- -0.8 RF
- 1.8 SS
- 3.1 2B
- 2.2 3B
- WAR 1.0
- 0.4 1B
- -0.1 DH
- 2.1 C

Pitcher

- 15.5 SP
- 3.5 RP

2023
Fielder

- 0.0 CF
- 1.0 LF
- 2.6 RF
- 4.9 SS
- 2.9 2B
- 3.8 3B
- WAR 1.0
- 1.2 1B
- 0.4 DH
- 4.4 C

Pitcher

- 18.8 SP
- 1.6 RP

2024年の動向

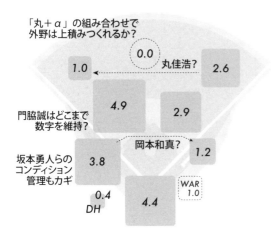

「丸＋α」の組み合わせで
外野は上積みつくれるか？

0.0 丸佳浩？

1.0

2.6

4.9

2.9

門脇誠はどこまで
数字を維持？

岡本和真？

1.2

坂本勇人らの
コンディション
管理もカギ

3.8

0.4

DH

4.4

WAR
1.0

が固まれば、一塁の数値は伸びそうだ。遊撃をまかされる門脇誠（2.6）の打撃成績次第では昨季4.9まで膨らんだ遊撃のWARは小さくなるとみられるが、守備で数字を伸ばせれば穴にはせずに済む可能性もある。層の厚い捕手陣は日本ハムから郡拓也（0.0）を獲得するなどの動きもあった。坂本や丸といったベテランのコンディションの維持が叶えば、野手陣のパフォーマンスは一定のレベルをキープできるとみられる。休養時などの出場をまかされる選手たちの中から、次世代以降の戦力を掘り起こす流れをつくれるかもポイントとなる。

昨季、WAR獲得においてプラスを積み上げられていなかったのは外野の2ポジションだった。ブリンソン（WAR0.9）とウォーカー（0.5）を放出。新たに獲得したオドーアの開幕直前の退団が決まり、

守備負荷の低い左翼での起用も想定される丸佳浩（1.0）を軸に若手〜中堅世代の選手を加えた布陣のローテーションで数字の上積みを狙う。一塁・岡本和真（5.1）、三塁・坂本勇人（4.4）という配置

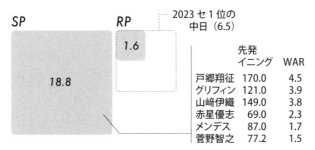

SP

RP

2023セ1位の
中日（6.5）

1.6

18.8

先発		
	イニング	WAR
戸郷翔征	170.0	4.5
グリフィン	121.0	3.9
山﨑伊織	149.0	3.8
赤星優志	69.0	2.3
メンデス	87.0	1.7
菅野智之	77.2	1.5

昨季は一定のパフォーマンスを見せた先発陣に対し救援陣のWARが低めに出ており手薄だったことがうかがわれた。この補強ポイントに対して、オリックスより近藤大亮（WAR0.1）、ソフトバンクより高橋礼（-0.5）と泉圭

輔（-0.2）、阪神よりK・ケラー（0.2）と馬場皐輔（0.1）を獲得しブルペンを補強（高橋は先発も？）。ドラフトで獲得した新人からの抜擢、育成を含めた既存戦力からの掘り起こしなど、あらゆるチャネルから人材をあててテコ

入りを図っていくとみられる。先発陣はそこまで大きな入替は行わず今季に臨む。長くローテーションを支えてきたベテラン・菅野智之（1.5）をカバーする戦力の台頭があるかどうかは数字のキープの可否に影響する。

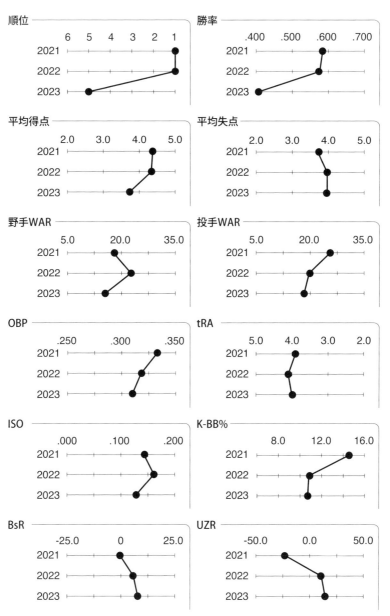

東京ヤクルトスワローズ Tokyo Yakult Swallows

順位

勝率

平均得点

平均失点

野手WAR

投手WAR

OBP

tRA

ISO

K-BB%

BsR

UZR

ポジション別獲得 WAR の推移

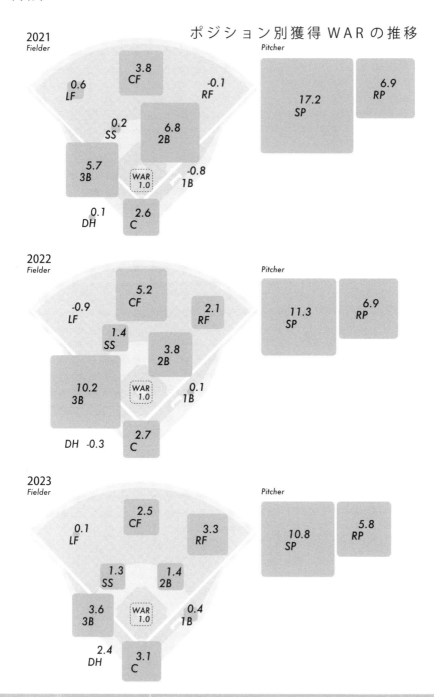

2021
Fielder

- CF 3.8
- LF 0.6
- RF -0.1
- SS 0.2
- 2B 6.8
- 3B 5.7
- 1B -0.8
- WAR 1.0
- DH 0.1
- C 2.6

Pitcher

- SP 17.2
- RP 6.9

2022
Fielder

- CF 5.2
- LF -0.9
- RF 2.1
- SS 1.4
- 2B 3.8
- 3B 10.2
- 1B 0.1
- WAR 1.0
- DH -0.3
- C 2.7

Pitcher

- SP 11.3
- RP 6.9

2023
Fielder

- CF 2.5
- LF 0.1
- RF 3.3
- SS 1.3
- 2B 1.4
- 3B 3.6
- 1B 0.4
- WAR 1.0
- DH 2.4
- C 3.1

Pitcher

- SP 10.8
- RP 5.8

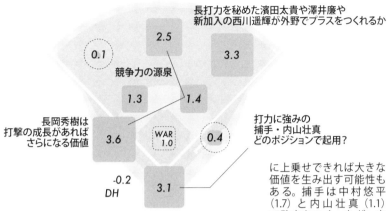

長打力を秘めた濱田太貴や澤井廉や
新加入の西川遥輝が外野でプラスをつくれるか

競争力の源泉

長岡秀樹は
打撃の成長があれば
さらになる価値

打力に強みの
捕手・内山壮真
どのポジションで起用?

二塁・山田哲人（WAR1.8）、三塁・村上宗隆（3.7）という球界を代表する強打の内野手が引っ張ってきたが、昨季は両者の数字が少し落ち着きチームとしての攻撃力はリーグ中位に終わった。山田と村上、これに中堅の塩見泰隆（2.4）を加えた 3 選手次第という状況は続きそ

うだが、細かな補強は行われている。昨季はそれぞれ楽天、ソフトバンク、読売でプレーした西川遥輝（-0.4）、増田珠（-0.4）、北村拓己（-0.1）を獲得し、内外野での選手運用の選択肢を増やした。遊撃の長岡秀樹（1.3）は 2 年続けて高いレベルの守備を見せており、打撃でさら

に上乗せできれば大きな価値を生み出す可能性もある。捕手は中村悠平（1.7）と内山壮真（1.1）で数字をつくったが、内山は捕手以外での起用がさらに増えることも予想される。その場合は捕手の WAR は目減りすることになるだろう。そのほか、外野で濱田太貴（-0.3）や澤井廉（-0.1）らチームの長打力を担う次世代の台頭があれば、より重厚になる攻撃力で競争力を取り戻せるかもしれない。

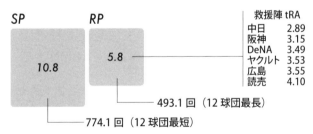

SP   RP

救援陣 tRA
中日　　2.89
阪神　　3.15
DeNA　3.49
ヤクルト　3.53
広島　　3.55
読売　　4.10

493.1 回（12 球団最長）

774.1 回（12 球団最短）

先発陣は担ったイニングが 12 球団で最も短かったこともあり WAR も伸びなかった。その分を担った救援陣にイニングが割り振られたことで WAR も伸びている。救援陣はタフな運用に応えたが、質においてはリーグ中位レベルにあった。だが先発

投手の補強は、100.2 イニングをまかないながらも退団したピーターズ（2.2）に代えてヤフーレを獲得したくらいでほぼ同じ陣容で臨むことになる。小川泰弘（2.9）や復帰を目指す奥川恭伸（登板なし）のコンディション不良も伝えられており

苦しい状況は続くかもしれない。救援陣は FA 権を取得したクローザー・田口麗斗（1.2）と再契約を果たしたほかソフトバンクから嘉弥真新也（-0.1）、西武から宮川哲（-0.4）を獲得。こちらは厚みが増している。

基本指標の推移

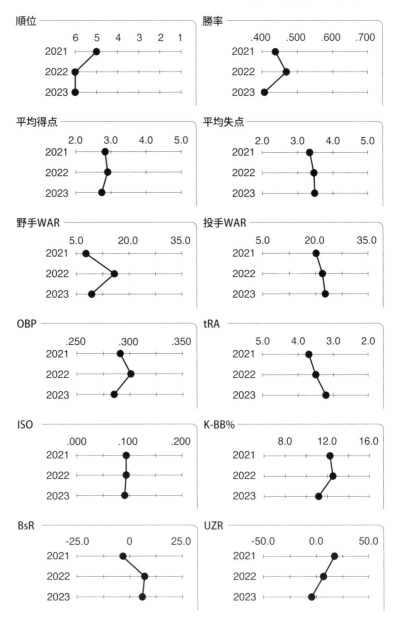

ポジション別獲得 WAR の推移

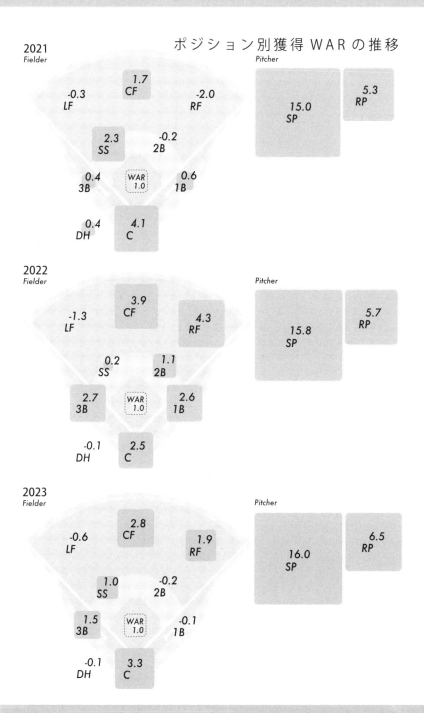

2021
Fielder

- 1.7 CF
- -0.3 LF
- -2.0 RF
- 2.3 SS
- -0.2 2B
- 0.4 3B
- WAR 1.0
- 0.6 1B
- 0.4 DH
- 4.1 C

Pitcher

- 15.0 SP
- 5.3 RP

2022
Fielder

- 3.9 CF
- -1.3 LF
- 4.3 RF
- 0.2 SS
- 1.1 2B
- 2.7 3B
- WAR 1.0
- 2.6 1B
- -0.1 DH
- 2.5 C

Pitcher

- 15.8 SP
- 5.7 RP

2023
Fielder

- 2.8 CF
- -0.6 LF
- 1.9 RF
- 1.0 SS
- -0.2 2B
- 1.5 3B
- WAR 1.0
- -0.1 1B
- -0.1 DH
- 3.3 C

Pitcher

- 16.0 SP
- 6.5 RP

2024 年の動向

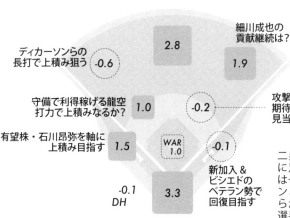

ディカーソンらの
長打で上積み狙う -0.6

2.8

細川成也の
貢献継続は？
1.9

守備で利得稼げる龍空
打力で上積みなるか？ 1.0

-0.2

攻撃で大きな貢献が
期待できそうな選手は
見当たらず

有望株・石川昂弥を軸に
上積み目指す 1.5

WAR
1.0

-0.1

-0.1
DH

3.3

新加入 &
ビシエドの
ベテラン勢で
回復目指す

得点力が伸ばせず苦戦が続く中日だが、昨季の現役ドラフトで獲得しブレイクした細川成也（WAR2.5）が守った右翼と、2年続けて攻守で数字を残した岡林勇希（3.1）が守った中堅、有望株の石川昂弥（0.2）やカリステ（0.7）らが守った三塁、日本ハムから獲

得した宇佐見真吾（0.8）が効いた捕手などは、穴とせずに戦えそうなポジション。石川と並ぶ有望株の龍空（0.5）はコンディションが気になるが、守備での貢献は期待できるだけに、打力次第では遊撃の相対的な競争力を伸ばすかもしれない。数字が伸びていないのは一塁、

二塁、左翼だが、チームに足りない長打の供給は一塁と左翼で行うプランとみられ、二塁はどちらかというと守備重視の選手を選んでいるようにも映る。一塁にはビシエド（0.0）や読売から移籍したベテランの中田翔（-0.2）と中島宏之（-0.1）ら、左翼には新外国人・ディカーソンやソフトバンクから移籍の上林誠知（-0.1）らが入ることになりそうだが、どこまで上積みが期待できるだろうか。

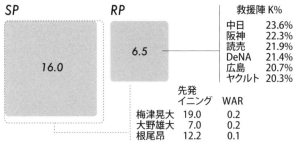

SP

RP

16.0

6.5

救援陣 K%	
中日	23.6%
阪神	22.3%
読売	21.9%
DeNA	21.4%
広島	20.7%
ヤクルト	20.3%

先発	イニング	WAR
梅津晃大	19.0	0.2
大野雄大	7.0	0.2
根尾昂	12.2	0.1

先発陣の軸となっている髙橋宏斗（WAR4.5）、柳裕也（3.5）、小笠原慎之介（2.7）は昨季いずれも黒星が先行したが投球の質は一定レベルに達していた。髙橋はフォームの調整で苦しんでいるものの3投手はまだ加齢は進んでおらず能力的には一

定の貢献が期待できる。上積みには質を保ってイニングを担える投手の追加が求められる。速球で押せる梅津晃大（0.2）や昨季は1試合の登板に終わった大野雄大（0.2）、才能の開花が待たれる根尾昂（0.1）らに期待。救援陣が記録したWAR6.5

はセパ通じてトップで、マルティネス（1.8）松山晋也（1.1）ら三振を奪う力に長けた投手が数字を支えていた。コンディションを維持できれば、今季も他球団に対する強みとなりそうだ。

オリックス・バファローズ ORIX Buffaloes

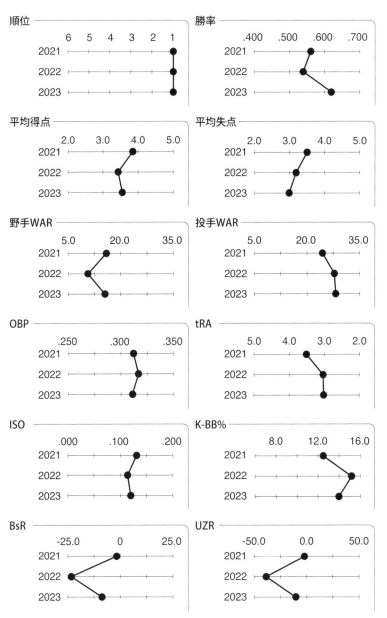

順位

	6	5	4	3	2	1
2021						
2022						
2023						

勝率

.400　.500　.600　.700

平均得点

2.0　3.0　4.0　5.0

平均失点

2.0　3.0　4.0　5.0

野手WAR

5.0　20.0　35.0

投手WAR

5.0　20.0　35.0

OBP

.250　.300　.350

tRA

5.0　4.0　3.0　2.0

ISO

.000　.100　.200

K-BB%

8.0　12.0　16.0

BsR

-25.0　0　25.0

UZR

-50.0　0.0　50.0

ポジション別獲得 WAR の推移

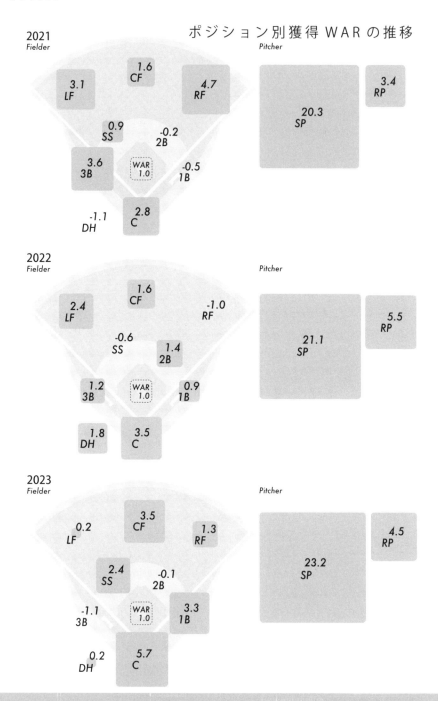

2021
Fielder

3.1 LF
1.6 CF
4.7 RF
0.9 SS
-0.2 2B
3.6 3B
WAR 1.0
-0.5 1B
-1.1 DH
2.8 C

Pitcher

20.3 SP
3.4 RP

2022
Fielder

2.4 LF
1.6 CF
-1.0 RF
-0.6 SS
1.4 2B
1.2 3B
WAR 1.0
0.9 1B
1.8 DH
3.5 C

Pitcher

21.1 SP
5.5 RP

2023
Fielder

0.2 LF
3.5 CF
1.3 RF
2.4 SS
-0.1 2B
-1.1 3B
WAR 1.0
3.3 1B
0.2 DH
5.7 C

Pitcher

23.2 SP
4.5 RP

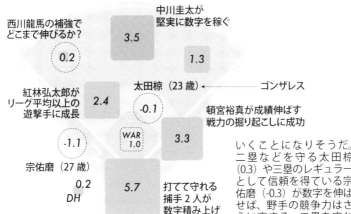

西川龍馬の補強で
どこまで伸びるか?
0.2

中川圭太が
堅実に数字を稼ぐ
3.5

1.3

紅林弘太郎が
リーグ平均以上の
遊撃手に成長
2.4

太田椋（23歳）　←――――― ゴンザレス
-0.1

頓宮裕真が成績伸ばす
戦力の掘り起こしに成功
3.3

-1.1

WAR
1.0

宗佑磨（27歳）
0.2
DH

5.7

打てて守れる
捕手2人が
数字積み上げ

昨季は主軸の吉田正尚が退団し、一方で捕手の森友哉（5.0）が加入。外野とDHで生まれていたプラスが捕手に移るかたちになった。さらに一塁に頓宮裕真（3.4）、遊撃で紅林弘太郎（2.3）、中堅で中川圭太（2.7）らWARを伸ばす選手たちが登場し競争力を高めた。盤石

の投手力に加えて、吉田の穴を全体でカバーする布陣をつくれたことでリーグ3連覇を引き寄せた恰好だ。今季は数字が伸びていなかった左翼などを守れる西川龍馬（1.3）を広島よりFAで獲得したが、基本的には若く力を伸ばしていく局面にある現有戦力で戦って

いくことになりそうだ。二塁などを守る太田椋（0.3）や三塁のレギュラーとして信頼を得ている宗佑磨（-0.3）が数字を伸ばせば、野手の競争力はさらに高まる。二塁を守れる外国人選手・ゴンザレスも、もう少し打撃成績が改善されれば攻撃的布陣のオプションをもたらすだろう。絶対的エースがチームを離れ失点は増える可能性が高い。そこで打ち勝っていこうとするのか。守備力にも配慮した布陣を敷くのか。首脳陣のディシジョンにも注目したい。

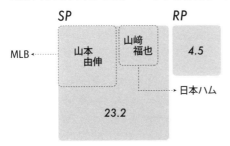

SP
RP

山本
由伸

山﨑
福也

4.5

MLB ←

→ 日本ハム

23.2

山本由伸（WAR6.7）と山﨑福也（2.9）が退団。両者の稼いだWARは計10弱と膨大で、AクラスからBクラスに落ちてもおかしくないくらいの戦力ダウンにもなりうる状況だが、新たな看板となる

宮城大弥（4.3）や、数多く保有する有望株・山下舜平大（3.3）、東晃平（1.3）、曽谷龍平（0.8）らの伸び代などを頼りにリーグ4連覇に挑む。ここ数年のようなアドバンテージを保つのは難しそうだが、

数字の落ち込みをある程度の幅に抑えることはできるかもしれない。救援陣も戦力の整理を行ったが、こちらもポテンシャルの高い若い投手に出番が回ってくる可能性がある。ここ数年のリクルーティングと育成力が試されるシーズンとなる。

基本指標の推移

千葉ロッテマリーンズ Chiba Lotte Marines

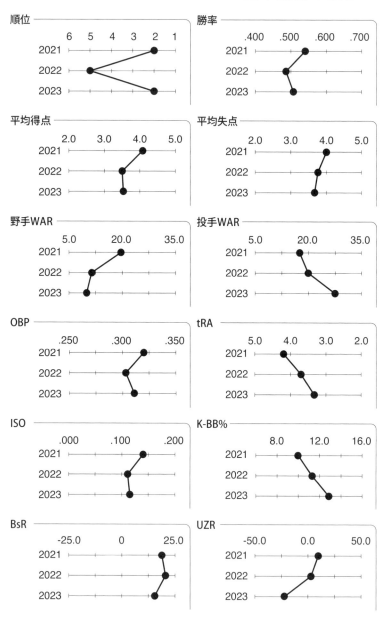

ポジション別獲得 WAR の推移

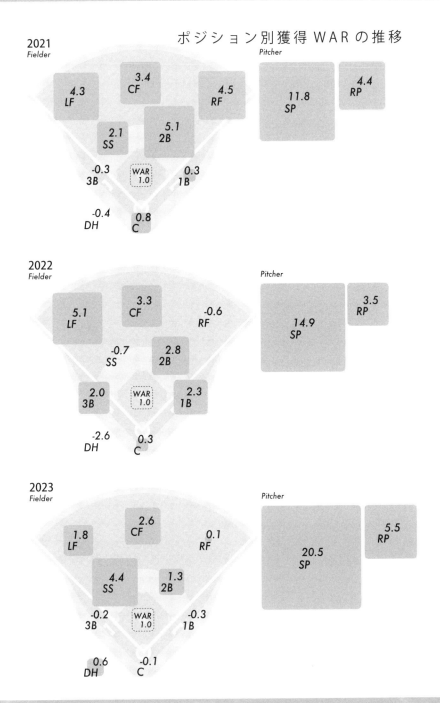

2021
Fielder

- 4.3 LF
- 3.4 CF
- 4.5 RF
- 2.1 SS
- 5.1 2B
- -0.3 3B
- WAR 1.0
- 0.3 1B
- -0.4 DH
- 0.8 C

Pitcher

- 11.8 SP
- 4.4 RP

2022
Fielder

- 5.1 LF
- 3.3 CF
- -0.6 RF
- -0.7 SS
- 2.8 2B
- 2.0 3B
- WAR 1.0
- 2.3 1B
- -2.6 DH
- 0.3 C

Pitcher

- 14.9 SP
- 3.5 RP

2023
Fielder

- 1.8 LF
- 2.6 CF
- 0.1 RF
- 4.4 SS
- 1.3 2B
- -0.2 3B
- WAR 1.0
- -0.3 1B
- 0.6 DH
- -0.1 C

Pitcher

- 20.5 SP
- 5.5 RP

2024年の動向

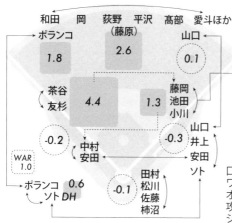

和田　岡　荻野　平沢　高部　愛斗ほか
（藤原）

→ポランコ　1.8

（藤原）2.6

山口　0.1

茶谷
友杉

4.4　　1.3

藤岡
池田
小川

-0.2　　-0.3

山口
井上

WAR
1.0

→中村
安田

安田
ソト

ポランコ
ソト DH　0.6

-0.1

田村
松川
佐藤
柿沼

藤岡を二塁へ
出場機会分配し
コンディションに配慮も?

口航輝（0.1）とともにパワーヒッターを並べるオーダーも可能となる。攻撃的布陣が組めるオプションは、長いシーズンで投手陣が厳しい状況に陥ったときには有効になる。一塁、三塁、左翼、DHでプラスを築き競争力のベースを高めたい。外野では藤原恭大（-1.1）のケガが伝えられているものの、岡大海（3.1）らがカバーするだろう。外野全体に一定の選手層はあるので対応はそこまで難しくはなさそうだ。

昨季は藤岡裕大（WAR3.3）、茶谷健太（1.0）、友杉篤輝（0.4）で回した遊撃が大きな強みとなっていたロッテは藤岡を二塁に、二塁を守っていた中村奨吾（0.9）を三塁に回すコンバートを実施するとみられる。各位置への選手の配置をみていくと、1人に固定する様子がほぼ見られず、コンディションに配慮しながら、1つのポジションを複数の選手で回していくことができるような態勢を拡げる準備を進めているように映る布陣だ。DeNAを退団したソト（1.0）を獲得し長打力を補っており、守備について目をつぶれば、ポランコ（1.2）、山

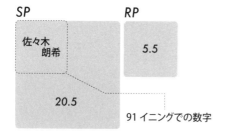

SP

佐々木
朗希

20.5

RP

5.5

91イニングでの数字

佐々木朗希（WAR5.1）という破格のエースが伸ばした数字が大きく、先発陣はチームの屋台骨となっていた。91に留まったイニング数をさらに伸ばせれば数字はもっと大きくなる可能性は十分ある。陣容は大きく変わらないが、カスティーヨ（1.5）が退団し、7試合に先発した森遼大朗（0.7）はクリーニング手術を受け戦列を離れている。上積み要素としては、昨季は登板がなかったものの実績はある二木康太の稼働の可否などか。救援陣ではチーム2位の50.2イニングを投げたペルドモ（1.1）が退団。3人の外国人投手を獲得し層を厚くして対応したが、その働きが戦力維持のカギとなる。35歳の澤村拓一（-0.5）や34歳の益田直也（0.5）らやや加齢が気になる投手もいる。

福岡ソフトバンクホークス Fukuoka SoftBank Hawks

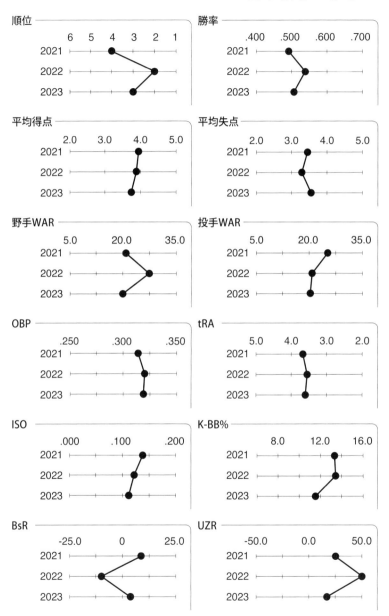

ポジション別獲得 WAR の推移

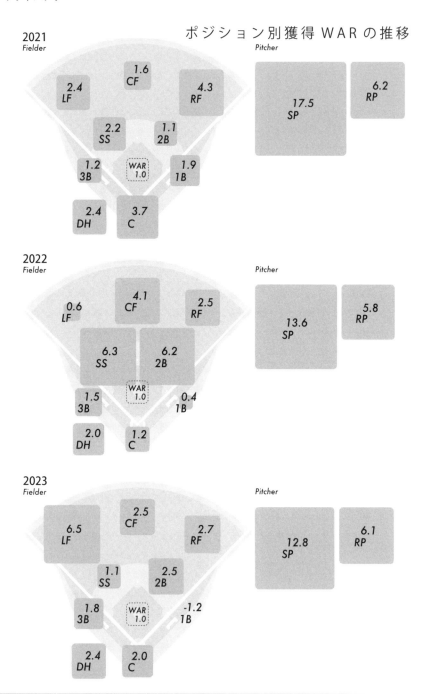

2021
Fielder

- 1.6 CF
- 2.4 LF
- 4.3 RF
- 2.2 SS
- 1.1 2B
- 1.2 3B
- WAR 1.0
- 1.9 1B
- 2.4 DH
- 3.7 C

Pitcher

- 17.5 SP
- 6.2 RP

2022
Fielder

- 4.1 CF
- 0.6 LF
- 2.5 RF
- 6.3 SS
- 6.2 2B
- 1.5 3B
- WAR 1.0
- 0.4 1B
- 2.0 DH
- 1.2 C

Pitcher

- 13.6 SP
- 5.8 RP

2023
Fielder

- 2.5 CF
- 6.5 LF
- 2.7 RF
- 1.1 SS
- 2.5 2B
- 1.8 3B
- WAR 1.0
- -1.2 1B
- 2.4 DH
- 2.0 C

Pitcher

- 12.8 SP
- 6.1 RP

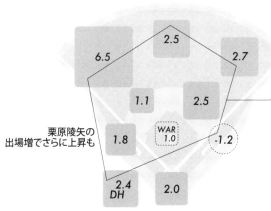

ウォーカー
近藤健介
柳田悠岐
山川穂高
+α

6.5 / 2.5 / 2.7 / 1.1 / 2.5 / 1.8 / WAR 1.0 / -1.2 / 2.4 DH / 2.0

山川穂高とウォーカー
の加入で攻撃力を
高く保ち戦い抜ける布陣に

栗原陵矢の
出場増でさらに上昇も

移籍 1 年目をキャリアハイで終えた近藤健介（WAR8.1）が主に守った左翼で大きな WAR を記録するなど野手は役割を果たしたソフトバンクだが、3 年連続でリーグ制覇を逃し、思いきった戦力整理と補強を行った。ここ数年のウイークポイントだった一塁を守る長距離

砲・山川穂高（-0.4）を FA で西武から獲得。外野でも読売からウォーカー（0.5）を獲得し、パワーヒッターを増強した。打力もさることながら、盤石な投手力を看板としてきたソフトバンクの打ち勝つ野球へのシフトがうかがえるオフとなった。加入した 2 人に加え近藤

と柳田悠岐(4.1)の 4 人を、DH というポジションを使いながらコンディションに配慮した起用をうまく回せれば、安定した得点の供給が可能になるかもしれない。昨季は 8 月に戦列を離れた栗原陵矢(1.9)が守る三塁なども数字を伸ばす余地がある。今季攻撃力が大きく高まりそうな球団は少ないことから、打撃で圧倒する野球でソフトバンクが走る展開もあるかもしれない。

救援 WAR

	モイネロ	1.1
	オスナ	1.1
	松本裕樹	1.0
	武田翔太	0.6
	津森宥紀	0.6
退団	甲斐野央	0.5
	田浦文丸	0.4
	藤井皓哉	0.4
退団	椎野新	0.3
	板東湧梧	0.3
	又吉克樹	0.2
	笠谷俊介	0.2

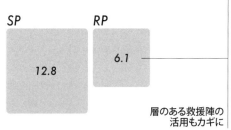

SP 12.8 / RP 6.1

層のある救援陣の
活用もカギに

先発陣は担ったイニングがパ・リーグで最も短く、救援陣は最も長かった。WAR のバランスにはその事情も反映されているが、救援上位の状況が明らかにあった。ブルペンの柱の 1 人のモイネロ（1.1）が 7 月で離脱しているに

もかかわらず救援陣がこれだけの WAR を記録していることからも、質の高い投球を見せていたことが伝わってくる。ブルペンの戦力整理も行われたが、この地力を最大限活かし失点をコントロールしていく投手の運用は今

季も必要になってくるかもしれない。ただ、目論見通りに打線が得点力を高めることができた場合はまた事情は変わり、先発陣にある程度の失点を許容する運用も視野に入ってくるだろう。

東北楽天ゴールデンイーグルス

Tohoku Rakuten Golden Eagles

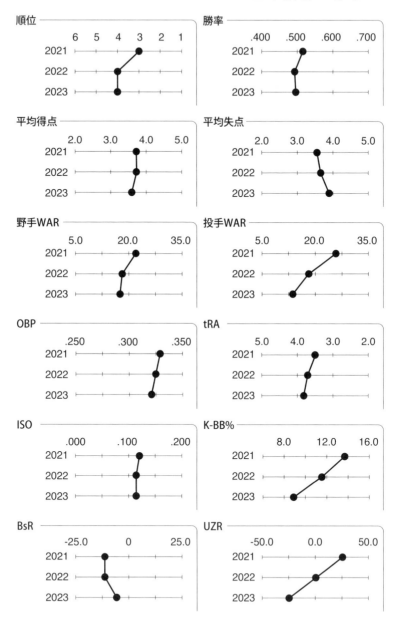

順位
| | 6 | 5 | 4 | 3 | 2 | 1 |
2021
2022
2023

勝率
.400 .500 .600 .700
2021
2022
2023

平均得点
2.0 3.0 4.0 5.0
2021
2022
2023

平均失点
2.0 3.0 4.0 5.0
2021
2022
2023

野手WAR
5.0 20.0 35.0
2021
2022
2023

投手WAR
5.0 20.0 35.0
2021
2022
2023

OBP
.250 .300 .350
2021
2022
2023

tRA
5.0 4.0 3.0 2.0
2021
2022
2023

ISO
.000 .100 .200
2021
2022
2023

K-BB%
8.0 12.0 16.0
2021
2022
2023

BsR
-25.0 0 25.0
2021
2022
2023

UZR
-50.0 0.0 50.0
2021
2022
2023

ポジション別獲得 WAR の推移

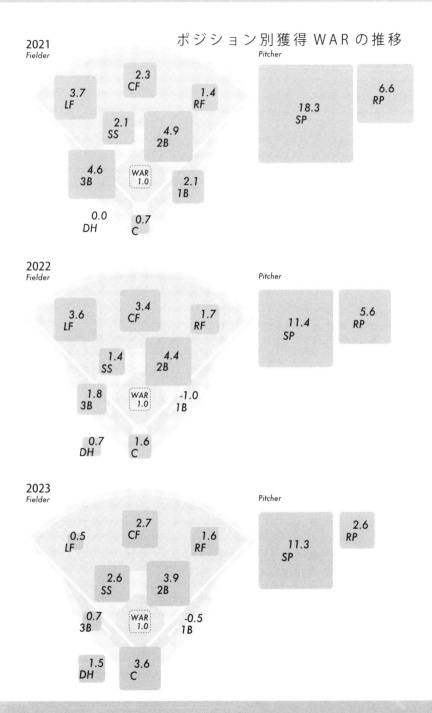

2021
Fielder

- 3.7 LF
- 2.3 CF
- 1.4 RF
- 2.1 SS
- 4.9 2B
- 4.6 3B
- WAR 1.0
- 2.1 1B
- 0.0 DH
- 0.7 C

Pitcher

- 18.3 SP
- 6.6 RP

2022
Fielder

- 3.6 LF
- 3.4 CF
- 1.7 RF
- 1.4 SS
- 4.4 2B
- 1.8 3B
- WAR 1.0
- -1.0 1B
- 0.7 DH
- 1.6 C

Pitcher

- 11.4 SP
- 5.6 RP

2023
Fielder

- 0.5 LF
- 2.7 CF
- 1.6 RF
- 2.6 SS
- 3.9 2B
- 0.7 3B
- WAR 1.0
- -0.5 1B
- 1.5 DH
- 3.6 C

Pitcher

- 11.3 SP
- 2.6 RP

2024 年の動向

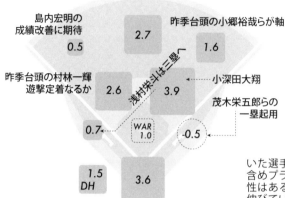

島内宏明の
成績改善に期待
0.5

2.7

昨季台頭の小郷裕哉らが軸
1.6

昨季台頭の村林一輝
遊撃定着なるか
2.6

浅村栄斗は三塁

3.9

← 小深田大翔

茂木栄五郎らの
一塁起用

0.7 ←

WAR
1.0

-0.5

1.5
DH

3.6

昨季は 4 位に終わった楽天だが、野手では新戦力が台頭。遊撃の村林一輝（WAR2.3）、右翼の小郷裕哉（2.2）らの攻守両面での勝利への貢献は WAR の数字にも表れている。今季の動きとしては、二塁や DH で貢献を果たしてきた浅村栄斗（3.9）を昨季はあまり数字が伸びな

かった三塁に回し、二塁は様々なポジションを守っていた小深田大翔（3.0）らを軸にするとみられる。そのほか、穴となっていた一塁には、昨季出場機会に恵まれなかった茂木栄五郎（0.0）らをあてるようだ。打撃が本来のものに戻れば、もともとは遊撃を守って

いた選手だけに、守備も含めプラスを築ける可能性はある。やはり数字が伸びていなかった左翼は不振にあえいだ島内宏明（-0.1）の成績回復に懸けるかたちか。捕手も数字が伸びているが、WAR においては太田光（2.7）が高い評価を受ける。炭谷銀仁朗(0.1)が退団し出場機会が増加するとみられる今季は、大きな貢献を果たすチャンスかもしれない。

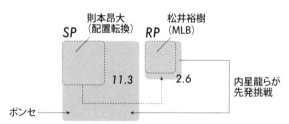

則本昂大
（配置転換）
SP

松井裕樹
（MLB）
RP

11.3

2.6

内星龍らが
先発挑戦

ポンセ ←

昨季の楽天先発陣は、ドラ 1 ルーキーの荘司康誠（WAR2.4）が活躍するなどの好材料はあったが、岸孝之（1.8）や田中将大（1.4）、辛島航（0.3）といったベテラン勢が数字を伸ばせず苦しい状況にあった。今季は松井裕樹（1.8）の退団にともない

則本昂大（3.3）が救援に回ることとなり、先発陣は再構築に近い転換が必要となっている。瀧中瞭太（0.6）や藤井聖（0.5）や救援から先発に挑むとみられる内星龍（0.4）、日本ハムから移籍のポンセ（1.2）らがイニングを伸ばせるか。救援陣は則

本がカバーしたとしても他球団に対しリードをつくるにはインパクトが足りないか。昨季は広島でプレーした新加入のターリー（0.6）や育成から支配下を狙う清宮虎多朗などプラスアルファの存在の活躍が待たれる。

埼玉西武ライオンズ Saitama Seibu Lions

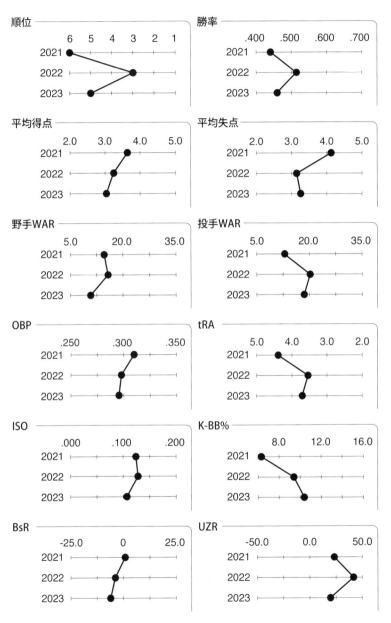

順位

勝率

平均得点

平均失点

野手WAR

投手WAR

OBP

tRA

ISO

K-BB%

BsR

UZR

ポジション別獲得 WAR の推移

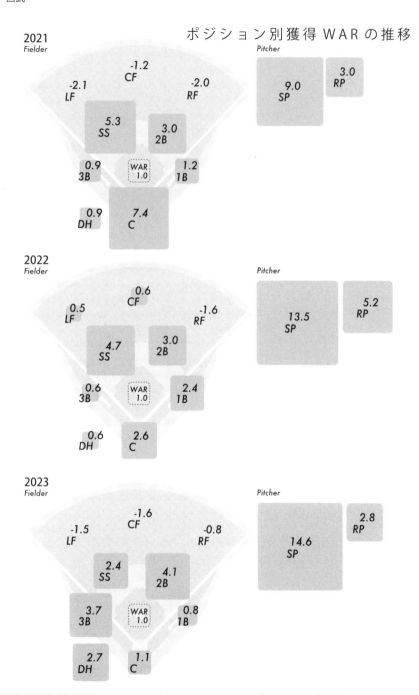

2021
Fielder

- CF -1.2
- LF -2.1
- RF -2.0
- SS 5.3
- 2B 3.0
- 3B 0.9
- WAR 1.0
- 1B 1.2
- DH 0.9
- C 7.4

Pitcher

- SP 9.0
- RP 3.0

2022
Fielder

- CF 0.6
- LF 0.5
- RF -1.6
- SS 4.7
- 2B 3.0
- 3B 0.6
- WAR 1.0
- 1B 2.4
- DH 0.6
- C 2.6

Pitcher

- SP 13.5
- RP 5.2

2023
Fielder

- CF -1.6
- LF -1.5
- RF -0.8
- SS 2.4
- 2B 4.1
- 3B 3.7
- WAR 1.0
- 1B 0.8
- DH 2.7
- C 1.1

Pitcher

- SP 14.6
- RP 2.8

2024年の動向

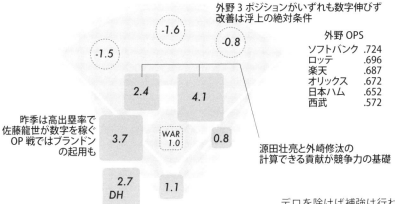

外野3ポジションがいずれも数字伸びず
改善は浮上の絶対条件

外野 OPS

ソフトバンク	.724
ロッテ	.696
楽天	.687
オリックス	.672
日本ハム	.652
西武	.572

昨季は高出塁率で
佐藤龍世が数字を稼ぐ
OP戦ではブランドン
の起用も

源田壮亮と外崎修汰の
計算できる貢献が競争力の基礎

中村剛也と栗山巧、
両ベテランが数字をつくる

「山賊打線」を支えた選手が徐々に去っていくオフが続いていたが、このオフは山川穂高（-0.4）が退団。源田壮亮（2.0）と外崎修汰（4.2）の二遊間と高出塁率でWARを伸ばした佐藤龍世（2.5）らが守った三塁、中村剛也（1.6）と栗山巧（0.4）が踏ん張る DH が競争力の供給源となっているものの、かなり厳しい状況にある。外野の人材が足りておらず、現状は絶対的な弱点となっており、外野3ポジションの選手の成績で算出した OPS を見ると他球団に大きく引き離されている。新外国人のコル デロを除けば補強は行われていないが、なんとかして穴を埋められる選手を確保したい。一塁は新外国人のアギラーと渡部健人（0.1）らで戦う状況になりそうだが、どこまで競争力を供給できるか。二遊間の守備などに支えられながら失点をコントロールしている投手陣を援護するためにも、新戦力の台頭などを通じ得点力を上げたい。

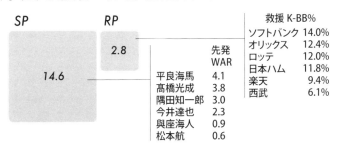

SP	RP		先発 WAR
	2.8		
14.6		平良海馬	4.1
		髙橋光成	3.8
		隅田知一郎	3.0
		今井達也	2.3
		與座海人	0.9
		松本航	0.6

救援 K-BB%

ソフトバンク	14.0%
オリックス	12.4%
ロッテ	12.0%
日本ハム	11.8%
楽天	9.4%
西武	6.1%

平良海馬（4.1）の先発転向は功を奏し数字を引き上げたが、髙橋光成（3.8）、隅田知一郎（3.0）、今井達也（2.3）に続く投手がうまく揃わず、トータルの数字は伸びていない。近い将来に予想される高 橋らの MLB 挑戦を想定するなら、若手に我慢強く機会を与えていく割り切りも必要となってくる局面だが、OP 戦で登板機会を得たルーキー・武内夏暉など新鋭の中から成長株を見出していけるか。 平良が先発に回り救援陣はやや力を落としている。他球団に比べ三振が獲れず四球が多い状況となっているが、新たに加わった甲斐野央（0.5）や外国人投手でどの程度数字を改善できるか。

北
海
道
日
本
ハ
ム
フ
ァ
イ
タ
ー
ズ

Hokkaido Nippon-Ham Fighters

基本指標の推移

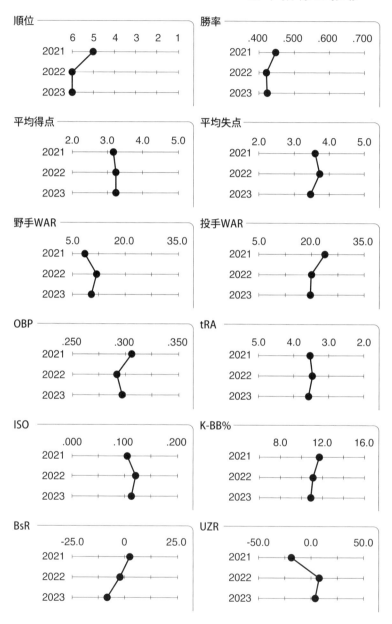

ポジション別獲得 WAR の推移

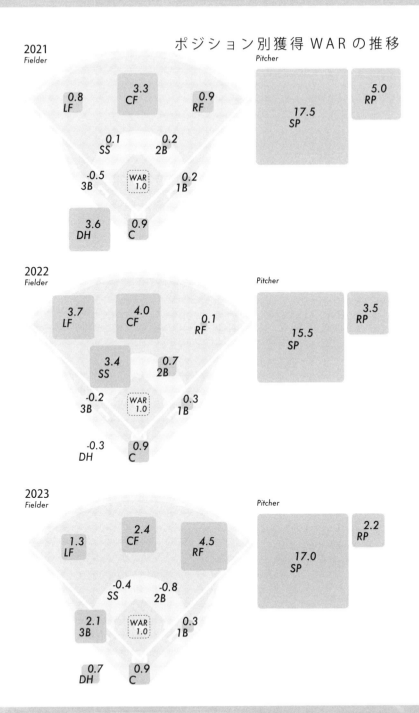

2021
Fielder

0.8 LF
3.3 CF
0.9 RF
0.1 SS
0.2 2B
-0.5 3B
WAR 1.0
0.2 1B
3.6 DH
0.9 C

Pitcher

17.5 SP
5.0 RP

2022
Fielder

3.7 LF
4.0 CF
0.1 RF
3.4 SS
0.7 2B
-0.2 3B
WAR 1.0
0.3 1B
-0.3 DH
0.9 C

Pitcher

15.5 SP
3.5 RP

2023
Fielder

1.3 LF
2.4 CF
4.5 RF
-0.4 SS
-0.8 2B
2.1 3B
WAR 1.0
0.3 1B
0.7 DH
0.9 C

Pitcher

17.0 SP
2.2 RP

2024年の動向

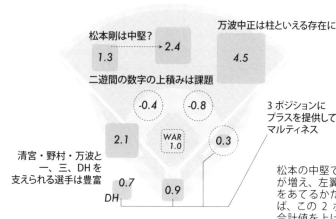

松本剛は中堅？ 1.3 → 2.4

万波中正は柱といえる存在に 4.5

二遊間の数字の上積みは課題 -0.4 -0.8

2.1 WAR 1.0 0.3

3ポジションにプラスを提供していたマルティネス

清宮・野村・万波と一、三、DHを支えられる選手は豊富

0.7 DH 0.9

主に万波中正（WAR5.1）が守った右翼、清宮幸太郎（1.5）と野村佑希（0.6）が守った三塁は競争力を見せていた。一塁、DH、捕手と万能ぶりを発揮したマルティネス（1.8）もそれぞれのポジションでプラスを計上しており貴重な働きをしていた。中堅の数字が伸びていたのは、松本剛（2.7）がよく打っていたのと、他の選手たちが守備で貢献していたことが効いていた。一方二遊間の人材確保に苦労している様子が見てとれ、強打を期待されているとみられる加藤豪将（-0.4）らの数字が伸びてこなければ上積みは厳しいかもしれない。左翼の守備で素晴らしい成績を見せていた

松本の中堅での出場機会が増え、左翼に新外国人をあてるかたちがはまれば、この2ポジションの合計値を上げることはできそうだ。万波が引き続き守るとみられる右翼と合わせ、外野全体が比較的勝負のできるポジションとなってくれば、浮上にむけての強みとなる。加えて、有望株を抱えている一塁と三塁をどうにかして伸ばしていければ、二遊間が苦しいままであっても、競争力を見込める布陣となる。

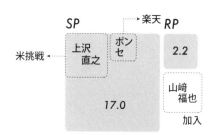

SP 楽天 RP

米挑戦← 上沢直之 ポンセ 2.2

山﨑福也

17.0 加入

ローテーションの柱の1人だった上沢直之（WAR3.5）がMLB挑戦を表明し退団。10試合に先発したポンセ（1.2）もチームを去り、先発陣は転換のタイミングを迎えている。そうした状況に対応しオリックスからFAとなった山﨑福也（2.9）を獲得。さらに20年にWAR3.7、21年に2.8を記録しているバーヘイゲンも復帰し、数字上は穴を埋めてさらに上積みも目指せるレベルまで持って

きた。新球場の建設により資金面の事情が変わってきたことをうかがわせる積極的な補強が成果を上げるかに注目したい。救援陣は被本塁打がかさみ競争力を発揮できていなかった。既存戦力の活用で対応するとみられるが、どこまで数字を改善できるか。

REPORT

ヒットエンドランの有効性

市川 博久
（いちかわ・ひろひさ）

　バントや盗塁と比較するとヒットエンドランの有効性についてはあまり分析が進んでいない。これはバントや盗塁と比べるとデータが非常に取りづらく、ヒットエンドランを仕掛けているのかそうでないのかを判断することが難しいためだろう。ヒットエンドランの有効性を分析するとしても、いくつもの制約があることは間違いがないが、できる限りの範囲でその有効性を分析できないか試みた。

1．ヒットエンドランの分析を困難にする要因

　走者がスタートを切り打者はすべての投球を打つ作戦（ヒットエンドラン）や走者がスタートを切り打者はすべてのストライク投球を打つ作戦（ランエンドヒット）の分析はセイバリストの間でもあまり進んでいない。走者がスタートを切ったとしても打者が投球を見逃すか、空振るかしなければ記録に残っていないことが多く、分析の基礎となるデータの収集に困難があるからだろうか。また、仮にそこをクリアしたとしても、外部からはヒットエンドランのサインが出ていたのか、単独盗塁をしたときにたまたま打者がスイングをしただけなのかを区別することは不可能だ。

　分析が困難であることに加え、分析をしたとしてもヒットエンドランは有効ではないという結果が強く予想されることも、分析をためらわせているのだろう。価値ある発見が期待できなければ、無駄な労力を使うことを避けたくなるというのはよく理解できる。

　しかし、このような事情があるとしても、分析がなされていない状況を放置することは好ましくない。ヒットエンドランは予期に反してそれなりに有効であるとしても、予想どおりの結果になったとしても、何らかの分析があった方がよい。そこで、データは限られいくつもの仮定をすることになったとしても、ヒッ

トエンドラン等（ヒットエンドラン及びランエンドヒット）の分析を試みた。

2．ヒットエンドラン等により予想される変化

　既に述べたように、外部からはヒットエンドラン等がなされたか否かを判断することは不可能であり、ヒットエンドラン等がされたときとそうでないときとを比較する方法での分析は不可能だ。そこで、今回の分析ではヒットエンドラン等により打席での結果や走塁等の結果がどのように変化するかを推測することにより、それらの有効性を検証することとした。

　2019年から2023年までのNPBのデータを利用し、走者が一塁にだけいる場面の結果を調べた。それ以外の場面では十分なサンプルサイズが得られないと考えられるためだ。また、打者がバントをしたときや打者が投手の打席は対象から外している。

　これらのデータに基づいて、仮にヒットエンドラン等を仕掛けたとする場合に結果がどのように変わるかを推測していく。ヒットエンドラン等を仕掛けた場合に変化があると思われるのは以下の結果だ。

---

①ゴロがアウトになる割合

②打撃結果

③一塁走者の進塁結果

④空振り、見逃し時の盗塁成功率

　これら以外にも結果が変化し得るとは思われるが、影響の大きそうなものを並べてみた。これから順に検討していく。

3．ゴロがアウトになる割合の変化

　ヒットエンドラン等を仕掛けると二塁手、遊撃手またはその双方がセカンドベースのカバーに動くため、ゴロがアウトになる割合が変化することも考えられる。そこで、走者一塁のうち、比較的ヒットエンドラン等が仕掛けられるこ

とが多いと思われる3ボール（B）2ストライク(S)の場合とそれ以外のボール
カウントの場合とで、内野ゴロがアウトになる割合を比較することで、ヒット
エンドラン等の効果を見ていく。

表1　ゴロ打球のボールカウント別アウト率

カウント	アウト率
3B2S	69.0%
その他	70.9%

　3ボール2ストライクの場合にはアウトになる割合が69.0%とそうでない
場合に比較して2%ほど低くなっているものの、ほとんど変化はないといって
よい。もともと走者一塁のときには二塁手と遊撃手がセカンドベースに寄り、
一塁手がファーストベースに付くため、ゴロがアウトになる割合が若干下がる。
そこからすると、考慮しなければならないほどの変化とはいえないだろう。

4．全ての投球または全てのストライク投球を
スイングしなければならないことによる打撃結果の変化

　ヒットエンドラン等を仕掛けた場合には、打者は投球を見逃すことが制限
される。このため、ボール投球にも手を出さなければならない、あるいはス
トライク投球であっても、ヒットエンドラン等を仕掛けていないときには手を
出さないような投球にも手を出さなければならなくなり、打撃結果が変化する
ことが予想される。
　そこで、近い状況として、2ストライクからスイングした場合の打撃結果（す
べての投球に手を出さなければならない場合の近似）、2ストライク時の打
撃結果（すべてのストライク投球に手を出さなければならない場合の近似）を
調べてみた。

表2　走者一塁、**0 または 1 ストライク時**にスイングしたときの結果

投球ゾーン	空振り	ファウル	凡打	併殺打	失策・野選	単打	二塁打	三塁打	本塁打	打率	長打率
ゾーン内	14.5%	41.0%	24.5%	4.1%	0.50%	10.1%	2.9%	0.20%	2.2%	.347	.572
ゾーン外	42.9%	30.9%	15.3%	2.7%	0.49%	5.8%	1.1%	0.03%	0.6%	.291	.408
総計	22.8%	38.1%	21.8%	3.7%	0.50%	8.8%	2.4%	0.15%	1.8%	.336	.540

表3　走者一塁、**2 ストライク時**にスイングしたときの結果

投球ゾーン	空振り	ファウル	凡打	併殺打	失策・野選	単打	二塁打	三塁打	本塁打	打率（空振り除く）	長打率（空振り除く）
ゾーン内	11.2%	43.7%	24.8%	4.1%	0.55%	11.5%	2.5%	0.15%	1.4%	.346	.503
ゾーン外	31.0%	37.1%	19.1%	3.4%	0.48%	7.4%	1.2%	0.04%	0.3%	.280	.349
総計	20.0%	40.8%	22.3%	3.8%	0.52%	9.7%	1.9%	0.10%	0.9%	.322	.447

　2 ストライク時にスイングした場合は、0 または 1 ストライク時にスイングした場合と比べて、空振りが減っている。特にストライクゾーン外の投球で顕著に変化がある。空振り三振を避けようと投球にバットを当てにいった結果だろう。また、意外にも 2 ストライク時の方が単打の割合が増えている。このため、空振りを除いた結果での打率は 0 または 1 ストライク時の打率とほぼ変化がない。ただし、長打率は大きく下がっている。さらに、ストライクゾーンの内外での打撃結果の差も大きくなっており、ボール球にも手を出さなければならないヒットエンドランでは打撃結果は大きく悪化することが見込まれる（なお、2 ストライク時とはいえ、すべての投球にバットを当てにいった結果で

ヒットエンドランの有効性

はないため、実際の打撃成績の悪化はより大きいと考えられる）。

　次にスイングしなかった場合も含めた結果の変化を見ていく。

表4　走者一塁、**0 または1ストライク時**の結果

投球ゾーン	ストライク	ファウル	ボール	凡打	併殺打	死球	失策・野選	単打	二塁打	三塁打	本塁打
ゾーン内	45.0%	24.6%	3.7%	14.7%	2.4%	0.00%	0.30%	6.1%	1.7%	0.12%	1.3%
ゾーン外	18.1%	7.0%	68.6%	3.5%	0.6%	0.38%	0.11%	1.3%	0.3%	0.01%	0.1%
総計	30.9%	15.4%	37.8%	8.8%	1.5%	0.20%	0.20%	3.6%	1.0%	0.06%	0.7%

表5　走者一塁、**2ストライク時**の結果

投球ゾーン	ストライク	ファウル	ボール	凡打	併殺打	死球	失策・野選	単打	二塁打	三塁打	本塁打
ゾーン内	16.3%	40.4%	1.8%	22.9%	3.8%	0.00%	0.51%	10.7%	2.3%	0.14%	1.3%
ゾーン外	15.5%	16.6%	53.2%	8.5%	1.5%	0.49%	0.22%	3.3%	0.5%	0.02%	0.1%
総計	15.8%	25.6%	33.7%	14.0%	2.4%	0.30%	0.33%	6.1%	1.2%	0.06%	0.6%

　ストライクゾーン内でのストライクの割合とファウルの割合が大きく変化している。この結果からも2ストライクと追い込まれるまでは、ストライクゾーン内の投球であっても、相当の割合を見逃すあるいは空振りを恐れずにスイングしていることがわかる。また、ストライクゾーン外の投球に注目すると、0または1ストライク時には 68.6% がボール、すなわち見送っているのに対して、2ストライク時には 53.2% と 15% 以上見送る割合が減少している。このことは、仮にボール球には手を出さなくてよいというサインであったとして

も、ストライクゾーン内のすべての投球にバットを当てなくてはならないとい
う制約があると、ボール球にも手を出すことが増えてしまうということを意味
している。

　ランエンドヒットであったとしても、打撃結果の悪化は生じるということがい
える。

5．一塁走者の進塁結果の変化

　エンドラン等を仕掛けた際の最大のメリットは単打や二塁打の際に一塁走
者が先の塁に進塁できる割合が大きくなることだろう。今回は2死走者一塁
でボールカウントが3ボール2ストライク（自動的に走者がスタートを切る）と
それ以外の場合とで、一塁走者の進塁がどのように変化するかを比較した。

　まずは打者が単打を打った場合だ。

表6　2死一塁から**単打時**の一塁走者の進塁状況（**3B2S 以外のカウント**）

一塁走者の 進塁状況	左翼手への 単打	中堅手への 単打	右翼手への 単打	総計
二塁に留まる	82.9%	65.4%	47.2%	64.6%
三塁に進塁	16.5%	33.3%	51.8%	34.5%
走塁死	0.5%	1.3%	1.1%	1.0%
機会総数	774	772	856	2402

表7　2死一塁から**単打時**の一塁走者の進塁状況（**3B2S**）

一塁走者の 進塁状況	左翼手への 単打	中堅手への 単打	右翼手への 単打	総計
二塁に留まる	43.4%	9.6%	3.8%	20.8%
三塁に進塁	55.3%	89.0%	96.2%	78.2%
走塁死	1.3%	1.4%	0.0%	1.0%
機会総数	76	73	53	202

　走塁死の割合はいずれも大きく変化していないが、3ボール2ストライク
以外のカウントでは34.5%が三塁まで進んだのに対して、3ボール2ストラ

イクでは 78.2% が三塁まで進んでいる。右翼手への単打では 95% 超が、左翼手でも 55% 超が三塁まで進んでいる。

　続いて、打者が二塁打を打った場合を比べる。

表 8　2 死一塁から**二塁打時**の一塁走者の進塁状況（**3B2S 以外のカウント**）

一塁走者の 進塁状況	左翼手への 二塁打	中堅手への 二塁打	右翼手への 二塁打	総計
三塁に留まる	58.0%	25.5%	58.4%	48.8%
本塁生還	36.3%	68.9%	36.7%	45.8%
走塁死	5.7%	5.6%	4.9%	5.4%
機会総数	245	196	245	686

表 9　2 死一塁から**二塁打時**の一塁走者の進塁状況（**3B2S**）

一塁走者の 進塁状況	左翼手への 二塁打	中堅手への 二塁打	右翼手への 二塁打	総計
三塁に留まる	33.3%	11.8%	22.2%	23.2%
本塁生還	61.9%	88.2%	77.8%	75.0%
走塁死	4.8%	0.0%	0.0%	1.8%
機会総数	21	17	18	56

　単打の場合と比較すると、3 ボール 2 ストライク以外のボールカウントでも本塁まで進塁する割合が 50% 近くと比較的高いためか差は小さい。ただし、それでも本塁生還となる割合は 30% 程度の差がある。

　一塁走者の進塁状況を見ると、ヒットエンドラン等を仕掛けた場合には明らかに進塁しやすい状況となっていることがうかがわれる。なお、内野ゴロの場合に併殺打となる割合がどの程度減るかについても推測を試みたが、2 死 3 ボール 2 ストライクの場面では、セカンドベースに近いゴロでも、一塁走者が封殺された回数は 0 回であった。ヒットエンドラン等を仕掛けても打球がセカンドベース付近に飛んでしまい併殺打となる場面も稀に見られるが、今回の分析では併殺打にならないものとして分析を進める。

６．単独盗塁の場合との盗塁成功率の変化

　ヒットエンドラン等を仕掛けると走者はスタートが遅れたとしても中断することはできない。このため、打者が空振り等をしてしまった場合の盗塁成功率は単独盗塁の場合と比較しても低くなることが予想される。

　そこで、ヒットエンドラン等が仕掛けられることが多いと思われる３ボール２ストライクとそれ以外のボールカウントで盗塁成功率を比べてみた。

表 10　走者一塁からのボールカウント別 SB% と一塁走者の平均 SB%

ボールカウント	SB%	一塁走者の平均 SB%	期待される SB% との差
3B2S	40.5%	52.9%	-12.4%
その他	69.6%	68.3%	1.3%
総計	66.9%	66.9%	-

　３ボール２ストライク以外のボールカウントでは 69.6% の盗塁成功率であるのに対して、３ボール２ストライクでは盗塁成功率が 40.5% と大きく低下している。ただし、これは一塁走者の影響も大きいようだ。一塁走者の盗塁成功率（走者一塁からの二盗のみを対象としており、三盗や本盗、走者一三塁からの二盗を含まない）の平均は、３ボール２ストライク以外のボールカウントでは 68.3% なのに対し、３ボール２ストライクでは 52.9% と 15% 以上低い。単独盗塁のサインが出ることが少ない盗塁が得意ではない一塁走者であっても、ヒットエンドラン等のサインは出されることがあるというのも盗塁成功率の低下につながっているようだ。

　もっとも、それを考慮したとしても盗塁成功率は低下をしており、期待される盗塁成功率との差は-12.4% だ。

　ヒットエンドラン等を仕掛けた場合に、打者が空振りあるいは見逃しをしてしまうと単独盗塁の場合に比べて成功率が大きく低下する。こうした点も考慮する必要があるだろう。

7．仮定する条件の内容とボールカウント別の想定される結果

以上の点を踏まえて、ヒットエンドラン等の有効性を分析していく。

これまでの結果を踏まえて、ヒットエンドラン等を仕掛けた場合の変化を次の通り仮定する。

①3ボール以外のボールカウントでヒットエンドランを仕掛けた場合の打撃結果は、2ストライク時にスイングをした場合の結果を参照する。3ボールでヒットエンドランを仕掛けた場合の打撃結果は、2ストライク時の結果を参照し、打者が左打者と右打者の場合で分ける

②凡打がゴロの場合は打者走者のみがアウトとなり一塁走者は進塁。フライの場合は打者走者のみがアウトとなり一塁走者は帰塁。ライナーの場合は併殺になる

③一塁走者は内野安打のときには打者走者と同じだけしか進塁せず、失策出塁の場合には二塁に留まり、外野手が処理した安打の場合は2死3ボール2ストライクの際の進塁状況を参照し、三塁打または本塁打の場合は生還する

④打者が空振りストライクまたは見逃しストライクの場合には、一塁走者の盗塁成功率は走者一塁からの平均盗塁成功率より12.4%低い54.5%とする

⑤Zone%（ストライクゾーンにボールが投じられる割合）は走者一塁時のボールカウント別Zone%を参照する

⑥暴投及び捕逸は考慮せず、守備側がヒットエンドランのサインを読んで意図的に投球を外すことも考慮しない

ボールカウント別の Zone% は以下の通りだ。

表 11　走者一塁時のボールカウント別 Zone%

ボールカウント	Zone%
0B0S	46.9%
0B1S	39.2%
0B2S	25.0%
1B0S	51.3%
1B1S	46.0%
1B2S	34.7%
2B0S	56.7%
2B1S	52.9%
2B2S	43.7%
3B0S	60.4%
3B1S	57.7%
3B2S	53.6%

　ストライクが先行するボールカウントほど Zone% は低い傾向にある。最も低い 0 ボール 2 ストライクでは Zone% は 25% に過ぎないため、ボール球を打つことになる可能性が相当に高い。これに対して、2 ボール 0 ストライクでは 56.7% と Zone% は高く、ボール球を打つことになる可能性は低くなる。このようなボールカウント別の Zone% を考慮していく。

　以上の仮定を元にしたヒットエンドラン等を仕掛けた際の結果は以下の通りと推測される。

表12　ボールカウント別エンドラン等の結果（**左打者**）

ボール カウント	2アウト 増加	1ストライク 増加 盗塁失敗	1アウト 増加 走者一塁	1アウト 増加 走者二塁	1ストライク 増加 盗塁成功
0B0S	1.51%	9.17%	9.41%	15.48%	10.95%
0B1S	1.46%	9.81%	8.97%	15.45%	11.71%
0B2S	1.37%	10.98%	8.16%	15.41%	13.11%
1B0S	1.54%	8.81%	9.65%	15.49%	10.52%
1B1S	1.51%	9.25%	9.35%	15.47%	11.04%
1B2S	1.43%	10.18%	8.71%	15.44%	12.16%
2B0S	1.58%	8.36%	9.96%	15.51%	9.99%
2B1S	1.55%	8.68%	9.74%	15.50%	10.36%
2B2S	1.49%	9.43%	9.22%	15.47%	11.27%
3B0S	1.26%	6.86%	8.16%	11.51%	8.20%
3B1S	1.23%	6.85%	7.93%	11.30%	8.18%
3B2S	1.18%	6.84%	7.58%	10.99%	8.17%
総計	1.50%	9.34%	9.29%	15.47%	11.15%

表13　ボールカウント別エンドラン等の結果（**右打者**）

ボール カウント	2アウト 増加	1ストライク 増加 盗塁失敗	1アウト 増加 走者一塁	1アウト 増加 走者二塁	1ストライク 増加 盗塁成功
0B0S	1.33%	10.58%	10.29%	13.23%	12.64%
0B1S	1.28%	11.33%	9.80%	13.29%	13.53%
0B2S	1.17%	12.71%	8.90%	13.42%	15.18%
1B0S	1.37%	10.16%	10.57%	13.19%	12.14%
1B1S	1.33%	10.68%	10.23%	13.24%	12.75%
1B2S	1.24%	11.77%	9.51%	13.33%	14.06%
2B0S	1.41%	9.64%	10.92%	13.15%	11.51%
2B1S	1.38%	10.01%	10.67%	13.18%	11.95%
2B2S	1.31%	10.89%	10.09%	13.26%	13.01%
3B0S	1.14%	7.65%	8.88%	9.49%	9.13%
3B1S	1.11%	7.64%	8.62%	9.33%	9.12%
3B2S	1.06%	7.62%	8.24%	9.09%	9.10%
総計	1.32%	10.79%	10.16%	13.25%	12.88%

走者一二塁	走者一三塁	走者二三塁	走者二塁・1得点	走者三塁・1得点	2得点	ファウル
3.33%	6.73%	0.42%	1.35%	0.15%	0.59%	40.92%
3.28%	6.42%	0.40%	1.27%	0.14%	0.53%	40.57%
3.20%	5.85%	0.36%	1.12%	0.11%	0.42%	39.91%
3.35%	6.90%	0.43%	1.39%	0.16%	0.62%	41.12%
3.32%	6.69%	0.42%	1.34%	0.15%	0.58%	40.88%
3.26%	6.24%	0.39%	1.22%	0.13%	0.49%	40.36%
3.38%	7.11%	0.45%	1.45%	0.17%	0.66%	41.37%
3.36%	6.96%	0.44%	1.41%	0.16%	0.63%	41.20%
3.31%	6.60%	0.41%	1.31%	0.15%	0.56%	40.78%
24.62%	5.82%	0.37%	1.22%	0.15%	0.60%	31.23%
25.98%	5.65%	0.36%	1.18%	0.15%	0.58%	30.61%
27.99%	5.41%	0.34%	1.13%	0.14%	0.54%	29.69%
3.32%	6.64%	0.42%	1.33%	0.15%	0.57%	40.83%

走者一二塁	走者一三塁	走者二三塁	走者二塁・1得点	走者三塁・1得点	2得点	ファウル
3.00%	6.45%	0.46%	1.25%	0.04%	1.09%	39.62%
2.91%	6.25%	0.44%	1.18%	0.03%	0.98%	38.97%
2.74%	5.88%	0.39%	1.04%	0.03%	0.77%	37.77%
3.06%	6.57%	0.47%	1.30%	0.04%	1.15%	39.99%
2.99%	6.43%	0.46%	1.24%	0.04%	1.07%	39.54%
2.86%	6.13%	0.42%	1.14%	0.03%	0.91%	38.59%
3.12%	6.71%	0.49%	1.35%	0.04%	1.23%	40.45%
3.08%	6.61%	0.48%	1.31%	0.04%	1.17%	40.12%
2.97%	6.37%	0.45%	1.22%	0.04%	1.04%	39.35%
25.02%	5.27%	0.40%	1.12%	0.03%	1.10%	30.76%
26.41%	5.14%	0.39%	1.09%	0.03%	1.06%	30.07%
28.46%	4.94%	0.37%	1.03%	0.03%	1.00%	29.05%
2.98%	6.40%	0.45%	1.23%	0.04%	1.06%	39.45%

2 アウト増加（併殺）となることはどのような条件でも 1 ％台である一方、ボール球は打つ必要のない 3 ボール時を除くと、盗塁失敗となってしまう可能性が 10% 前後と無視できない割合になっている。40% 程度はファウルとなっていることからすると、失敗時のリスクは相応に上がっていることがわかる。一方で安打さえ出れば一塁走者が三塁や本塁に進塁できる割合も高くなっている。

また、ファウルとなる割合が 3 ボール時以外では約 40%、 3 ボール時にも約 30% とかなり高い割合となっている。後述することになるが、高いファウルの割合が有効性に大きな影響を与えている。

8．アウトカウント、ボールカウント別の得点期待値、得点確率の増減

2019 年から 2023 年までのデータを利用して、アウトカウント、塁上の走者状況、ボールカウント別の得点期待値を算出し、これまでの結果に基づいて、アウトカウント、ボールカウント別の得点期待値、得点確率の増減を見ていく。走者一塁時の得点期待値、得点確率は次のようになっている。

表 14　**走者一塁時のカウント別得点期待値**

ボールカウント	無死	1 死	2 死
0B0S	0.791	0.469	0.206
0B1S	0.760	0.435	0.158
0B2S	0.693	0.397	0.118
1B0S	0.834	0.500	0.244
1B1S	0.793	0.449	0.185
1B2S	0.703	0.397	0.137
2B0S	0.945	0.562	0.288
2B1S	0.882	0.491	0.242
2B2S	0.730	0.434	0.180
3B0S	1.155	0.651	0.313
3B1S	1.084	0.605	0.287
3B2S	0.901	0.517	0.257

表 15　**走者一塁時のカウント別得点確率**

ボールカウント	無死	1 死	2 死
0B0S	39.5%	24.5%	11.5%
0B1S	37.6%	22.8%	9.0%
0B2S	34.2%	20.7%	6.8%
1B0S	41.1%	25.9%	13.4%
1B1S	38.9%	23.6%	10.4%
1B2S	34.7%	21.0%	7.6%
2B0S	45.5%	28.8%	15.8%
2B1S	43.1%	25.2%	13.5%
2B2S	36.8%	22.5%	10.3%
3B0S	50.8%	32.9%	16.2%
3B1S	49.6%	30.5%	16.2%
3B2S	43.7%	27.3%	14.1%

　これらの得点期待値または得点確率と、ヒットエンドラン等を仕掛けた場合に見込まれる結果での得点期待値または得点確率とを比較する。

　まずは得点期待値の変化から見ていく。

表 16　状況別エンドランによる**得点期待値**増減（**左打者**）

ボールカウント	無死	1 死	2 死
0B0S	-0.008	-0.007	-0.034
0B1S	-0.025	-0.008	-0.012
0B2S	-0.005	-0.010	-0.004
1B0S	-0.026	-0.027	-0.056
1B1S	-0.037	-0.011	-0.026
1B2S	-0.000	-0.001	-0.009
2B0S	-0.085	-0.064	-0.070
2B1S	-0.101	-0.026	-0.057
2B2S	-0.006	-0.015	-0.029
3B0S	-0.107	-0.028	-0.032
3B1S	-0.098	-0.013	-0.018
3B2S	**0.044**	**0.043**	-

ヒットエンドランの有効性

表17　状況別エンドランによる**得点期待値**増減（**右打者**）

ボールカウント	無死	1死	2死
0B0S	-0.010	-0.004	-0.026
0B1S	-0.029	-0.008	-0.006
0B2S	-0.014	-0.015	-0.003
1B0S	-0.027	-0.024	-0.048
1B1S	-0.039	-0.010	-0.019
1B2S	-0.009	-0.005	-0.007
2B0S	-0.085	-0.060	-0.061
2B1S	-0.102	-0.023	-0.049
2B2S	-0.014	-0.018	-0.027
3B0S	-0.103	-0.022	-0.023
3B1S	-0.094	-0.008	-0.009
3B2S	**0.042**	**0.044**	-

　左打者、右打者いずれの場合も、無死または1死で3ボール2ストライクの場合を除くとヒットエンドラン等を仕掛ける方が得点期待値が下がる傾向が見られる。

　得点期待値の変化を状況ごとに見ていくと、0ボールよりも1ボール、1ボールよりも2ボールと、ボールが増えていくほど得点期待値の減少幅は大きくなっていっている。ボールが多いカウントほど、Zone%は高くなる傾向があるものの、打者有利なカウントでは打撃結果を悪化させることの弊害がより強くなるためだろう。

　また、0ストライクや1ストライクと比べると2ストライク時の方が得点期待値の減少幅は小さい。これは0ストライクや1ストライク時には、ファウルを打つとボールカウントが悪化して得点期待値が下がるのに対して、2ストライク時にはそうならないことが原因と考えられる。アウトカウントが増えることに比べれば影響は小さいが、ヒットエンドラン等を仕掛けるとファウルの割合がかなり高かったことが、こうした結果につながっている。

　アウトカウントに着目すると、無死や1死に比べて2死の方が得点期待値が大きく減少する傾向がある。2死の場合は打者が出塁できなければイニン

グが終了してしまうため、打撃結果を悪化させるヒットエンドラン等は得策ではないようだ。続いて、得点確率の増減を見ていく。

表 18 　状況別エンドランによる**得点確率**増減（**左打者**）

ボールカウント	無死	1 死	2 死
0B0S	**0.55%**	-0.07%	-2.91%
0B1S	**0.23%**	-0.14%	-1.75%
0B2S	**1.01%**	-0.04%	-1.51%
1B0S	-0.14%	-0.98%	-4.09%
1B1S	-0.37%	-0.33%	-2.57%
1B2S	**1.11%**	**0.10%**	-1.80%
2B0S	-2.32%	-3.00%	-5.09%
2B1S	-3.29%	-1.04%	-4.40%
2B2S	**0.18%**	-0.54%	-3.19%
3B0S	-1.71%	-2.18%	-2.15%
3B1S	-2.54%	-1.09%	-2.82%
3B2S	**1.19%**	**0.69%**	-

表 19 　状況別エンドランによる**得点確率**増減（**右打者**）

ボールカウント	無死	1 死	2 死
0B0S	**0.13%**	-0.34%	-2.87%
0B1S	-0.20%	-0.46%	-1.73%
0B2S	**0.32%**	-0.56%	-1.75%
1B0S	-0.57%	-1.27%	-4.06%
1B1S	-0.80%	-0.65%	-2.55%
1B2S	**0.37%**	-0.46%	-2.06%
2B0S	-2.78%	-3.32%	-5.07%
2B1S	-3.75%	-1.39%	-4.40%
2B2S	-0.63%	-1.15%	-3.48%
3B0S	-2.04%	-2.42%	-2.09%
3B1S	-2.87%	-1.34%	-2.77%
3B2S	**0.62%**	**0.27%**	—

　得点期待値の場合と同様、ボールカウントが３ボール２ストライクではヒットエンドラン等を仕掛けた方が、得点確率が増加している。また、２ストライクの場合などボールカウント次第では無死の場合にも得点確率が増加している状況が存在する。

　概ね１死よりは無死の方が得点確率が増加する状況が多い。

　また、２死の場合は大きく得点確率が下がる状況が多い。

９．今回の分析からいえることと今後の分析に向けて注意すべきこと

　以上の結果からすると、３ボール２ストライクを除くすべての状況でヒットエンドラン等は得点期待値が下がり、それ以外の多くの場面で得点確率も下がると考えられる。

　今回の分析ではヒットエンドラン等を仕掛けた場合に有利な仮定をいくつもしている。例えば、無死や１死でのヒットエンドラン等の場合には、一塁走者は２死３ボール２ストライクの同様の走塁はできないだろうし、フライを打ち上げた場合に一塁走者が必ず帰塁できるという条件も甘い想定だ。こうした仮定にもかかわらず、多くの場面でヒットエンドラン等を仕掛けた方が得点期待値も得点確率も悪化することとなったのは軽視すべきでない。特に打者有利なボールカウントや２死の場面で仕掛けるのは避けた方がよい。

　今回は打者、一塁走者、対戦投手の能力はリーグの平均に合わせて分析を行っており、条件次第ではより有効な場面が見つかる可能性はある。ただし、その場合でも他の選択肢との比較という視点は持つべきだ。例えば、一塁走者の盗塁成功率が高い場合の方が、ヒットエンドラン等を仕掛けた場合の結果もよくなるだろうが、そのような場合にはむしろ単独盗塁の方がより有効になるだろう。同様に打者の能力が高い方が、ヒットエンドラン等を仕掛けた場合の結果もよくなるだろうが、そのような場合にはすべての投球に手を出さなければならないという制約抜きに打たせた方がよいことが多いだろう。

　他の選択肢との比較を踏まえると、よほど打者や対戦投手に特徴がある場合か奇襲でないと、ヒットエンドラン等が有効な場面は限定されると考えられる。バントほどではないにせよ、仕掛ける場面の選択が難しい作戦といえる。

私たちは捕手のリードに定見を持っているのか？

〜選手名鑑の寸評から見る捕手のリード観〜

佐藤 文彦
(さとう・ふみひこ)

　"リード" が捕手にとって重要な能力であるという見解に異論のある人は少ないだろう。元捕手が野球解説をすれば、試合中の重要な局面でのリードの良し悪しを解説してくれることがあるが、こうした解説もあってリードの重要性は浸透しているように思える。

　しかし、このリードの重要性に異論を唱える人もいる。里崎智也氏は著書[1]にて、捕手のリードは結果論でしかないと指摘している。個人的には、この指摘には同意できる点がある。リードの良し悪しが言及されるのは主に打席の結果が出た直後であることが多いからだ。例えばある打者が1本の本塁打を打った打席の後、この結果だけで打者をホームランバッターであると見なすのは早計だと大半の人は考えるだろう。打者の能力を判断するにはもう少し長い目で、できれば数シーズン、少なくとも1シーズンくらいを通した成績から判断されるべきである。

　同様のことは捕手のリードにもいえるだろう。打席ごとの細かいリードの内容の吟味も重要だが、リードのスキルが高いかどうかを判定するにはもう少し長い目で見て、上手にリードできているかどうか評価される必要がある。しかし、打席直後のリード評は多いものの、長い目で見た能力としてのリード評を目にすることはほとんどない。私たちはそもそも捕手のリードをスキルとして認識できているのだろうか？　このような疑問を持つに至ったのだが、単に自分が寡聞にして知らない可能性も考えられる。そこで本稿では、能力としての捕手のリード評を集めてみたいと考えた。打席ごとの結果に対する結果論ではないリード評が存在するのか検証することを目的とした。

1)　里崎智也『捕手異論 一流と二流をわける、プロの野球「眼」』
　　（カンゼン 2017）

1. 捕手のリード評を収集する

　捕手のリード評を集める方法はいくつか考えられる。1つは単純に、多くの人から捕手評を聴いて集めることである。集めた意見の中から、捕手のリード評が存在しているかを確認すればよいわけだが、不特定多数の人から多くの意見を集めるのは容易ではない。また、すべての回答者に捕手のリード評の意見を求めて回答を期待するのも難しい。

　そこで本稿はタイトルにもあるように、毎年シーズン前に発売される選手名鑑の選手寸評からこれを収集した。多くの人の意見の代表として選手名鑑を参照するためである。寸評なのでそれほどの文字数が割かれているわけではないが、だからこそ重要なスキルについては優先して、かつ簡潔に記述されていると考える。

　NPB の選手名鑑は多くの出版社から発行されているが、本稿では以下の4社を対象とした。大手から複数社を選んだかたちである。

『スポニチプロ野球選手名鑑』	毎日新聞出版
『プロ野球オール写真選手名鑑（Slugger）』	日本スポーツ企画出版社
『プロ野球カラー選手名鑑号』	週刊ベースボール
『プロ野球選手カラー名鑑』	日刊スポーツマガジン

2. 選手寸評例：読売　岡本和真

　捕手の寸評を見て行く前に、例として 2023 年にセ・リーグの本塁打王となった岡本和真の 2023 年の選手評（2023 年のシーズン前の評となる）からその形式を確認しておきたい。以下の表1に寸評を示す。

表 1　選手寸評例（岡本和真）

媒体	2023 年
スポニチ	苦しみながらも 5 年連続 30 号を達成し 2 年連続 G グラブ賞にも輝いた。責任感強い新主将が V へ導く
Slugger	松井秀喜に次ぐ 5 年連続 30 本塁打を記録。ゴールデン・グラブも 2 年連続で受賞したが、本人は「上手くいった時がない」と厳しく振り返った。かなりゲンを担ぐタイプで、打撃不振を理由に買ったばかりの高級車を売却したことも
週刊ベースボール	5 年連続 30 本塁打、2 年連続ゴールデン・グラブ賞獲得も昨季は夏場から失速して四番の座を中田翔に譲るなど試行錯誤が続いた。坂本勇人から主将の座を受け継いだ今季、打撃での復活はもちろん、チームを優勝＆日本一へ導いていくことを誓う
日刊スポーツ	球団では王、松井以来となる 5 年連続 30 本塁打の主砲。今季から第 20 代の新キャプテン就任

　選手名鑑から寸評を抜粋しただけではあるが、その特徴を確認しておきたい。まず、記述としては選手の印象というよりは、残した記録がベースになっていることがわかる。そして、4 社とも概ね内容が一致しているといえる。客観的なデータではないものの選手の評価には大きなずれが生じるものではないということである。

　このような形式で捕手の寸評を整理していくわけだが、仮に捕手のリードが能力として正しく認識されていれば、4 社に共通した言及があることが予想される。また、どんな優れた打者や投手であっても結果の悪いシーズンもある。そうした選手は次のシーズンには成績を持ち直すが、表 1 の岡本のように 1 シーズンの寸評だけでは見落としてしまう可能性がある。そこで 2020 年から 2023 年の 4 年間を対象に上記 4 社の選手名鑑の捕手の寸評を集計した。すべての捕手の寸評を見るのは難しいので、2023 年に各チームで最も守備イニングの長い捕手を対象とした。

3．捕手の寸評

　最初に見るのは 2023 年に日本一となった阪神から、最も守備イニングの

長かった坂本誠志郎の寸評を以下の表 2-1 に示す。

表 2-1　捕手寸評：坂本誠志郎（阪神）

媒体	2020 年	2021 年
共通	昨年 10 月に右肘のクリーニング手術 2 番手捕手	今季は正捕手争い
スポニチ	少ない出番でアピール	昨季は 24 試合で先発マスク 打撃は課題
Slugger	4 月 4 日に 2 年ぶりの本塁打 7 月 8 日に一発を含む猛打賞 他は目立った活躍無し	インサイドワークとフレーミングに定評 3 年続けて開幕一軍 8 月下旬以降先発出場が増
週刊 ベースボール	捕球、リード、意外性のある打撃と他のチームでは正捕手候補になりうる存在	開幕の負け越し発進に責任を感じている
日刊スポーツ	——	オフに打撃改造に着手 長打力を身につけたい

　岡本の寸評からは少し集計方法を変えている。4 年分のテキストは少し多くなり過ぎたので、野球以外の選手のプライベートな内容については割愛した。また、複数社で言及があった内容は「共通」の欄にまとめている。ただし、リードについての言及は、どの出版社のものかを正確に把握したいので、複数社で言及があっても共通欄ではまとめていない。表中に "——" とあるのは、記述がないわけではなく、共通欄の内容以外に記述しておくことがないことを表す。

　坂本の記述を見ると、スポニチは 2023 年に、週刊ベースボールでは 2020 年と 2022 年にリードに言及がある。Slugger は広義のリード評であるインサイドワークについての言及が 2021 年と 2022 年にある。

　これらの記述から、坂本のリード面については一定の評価がなされている

2022 年	2023 年
シーズン終盤は先発に 虎メダル 新主将	自己最多 60 試合に出場
—	巧みなリード 優れたリーダーシップ
インサイドワークに定評	50 試合の先発マスクで守備率 1.000 盗塁阻止率 .423
キャッチング、リード、スローイングなど梅野隆太郎にも引けを取らない	キャッチング、フレーミングの実力は誰しもが認める 課題は打力
—	キャッチングに定評 ブロッキング・盗塁阻止に手応え

といえる。しかし、出版社間で評価が一致しているとはいえず。日刊スポーツではリード面への言及がない。また、スポニチは「巧みなリード」、Slugger は「インサイドワークに定評」と良い評価ではあることはわかるが、具体性には欠けた記述である。

続いて、パ・リーグ優勝チームのオリックスより若月健矢の寸評を以下の表 2-2 に示す。

表 2-2　捕手寸評：若月健矢（オリックス）

媒体	2020 年	2021 年
共通	パ 1 位の盗塁阻止率 .371	背番号変更 打撃フォーム改良 正捕手の座を失う
スポニチ	打力アップで正捕手に成長	課題の打撃だけでなく、リードにも磨きをかけ正妻死守に全力
Slugger	自己最多 138 試合に出場 OPS.460 は 300 打席以上でワースト	7 月は自身初の満塁本塁打や 1 試合 5 打点などバットで話題を振りまいたが、8 月は急ブレーキ
週刊 ベースボール	打率が 2 割にも満たず、シーズン中は打撃フォームを試行錯誤 今季は盗塁阻止率 5 割を掲げる	昨季の開幕直後は鋭い打球を飛ばし、3 本塁打 負け込むと伏見寅威や松井雅人にマスクを譲る
日刊スポーツ	2 年連続で選手会長	課題の打撃克服を誓ったが、伏見の台頭もあり悔しいシーズン

　若月の場合、リードへの言及は 2022 年の日刊スポーツと、2023 年の週刊ベースボールのみで、一貫した言及があるとはいえない。また、リードの内容も " 好リード " と " 巧みなリード " と具体的なものではない。

2022 年	2023 年
最優秀バッテリー賞を受賞 三番手捕手からの出場機会増	最優秀バッテリー賞を受賞 森との正捕手争い
―	森との正捕手争いに挑む
10 月 9 日のソフトバンク戦で初のランニング本塁打 少ない打席で自己最多の 5 本塁打	ミットを大きくして盗塁阻止率が .442 まで上昇
―	強肩と巧みなリード 昨季は 2 打席連続弾を放って打撃向上
優勝を争うシーズン終盤も緊迫した試合で好リード 課題の打撃も 5 本塁打と成長	―

続いて、WBC に選出された捕手より、大城卓三の寸評を以下の表 2-3 に示す。

表 2-3　捕手寸評：大城卓三（読売）

媒体	2020 年	2021 年
共通	背番号 24 に変更 昨季は一塁でも出場	ベストナインを受賞
スポニチ	—	盗塁阻止率が .340 と向上した昨季はチーム最多の 71 試合に先発マスク。正妻定着で 2 桁本塁打狙う
Slugger	強打が売りの攻撃型捕手	持ち前の強打に加え盗塁阻止率も改善
週刊 ベースボール	一時は 5 番を打った	小林誠司不在を感じさせないほどの成長 試合を通じて多くを学んだ。打っても 5 番から 8 番まで広く対応し打率 .270 はまずまず
日刊スポーツ	屈指の長打力を秘める打てる捕手	自慢の打棒でチームをけん引

リードについて言及があったのは 2023 年のスポニチのみで、これは努力目標というもので、能力としてのリードに関する言及はないといってよい。

DELTA BASEBALL REPORT 7

2022 年	2023 年
昨季はセ 1 位の盗塁阻止率 .447 自身初の 2 ケタ本塁打	6 月にファーム落ち 自己最多の 13 本塁打
―	20 本塁打を視野に入れつつリード も磨く
ブロッキングやフレーミングに定評 打撃では打率が低迷 鈍足をチームメイトからいじられる	守備では盗塁阻止率 3 年連続 3 割 以上の強肩
打率が前年から急降下 特に対左投手は .191 と明確な課題	球界でも指折りの「打てる捕手」
―	昨季は 92 安打、13 本塁打、43 打点のキャリアハイ

次は、甲斐拓也の寸評を以下の表 2-4 に示す。

表 2-4　捕手寸評：甲斐拓也（ソフトバンク）

媒体	2020 年	2021 年
共通	3 年連続ゴールデン・グラブ賞 背番号 19 に変更	リーグ優勝 & 日本一に大きく貢献 開幕当初は投手陣とかみ合わず、後にスタメンマスクを奪われる
スポニチ	規定打席発到達で 2 桁本塁打	高谷が離脱した 10 月 6 日西武戦から 27 試合連続でフル出場
Slugger	普段は温厚だが、高橋礼がサインが決まる前に投球した際は鬼の形相も	――
週刊 ベースボール	育成出身選手では初となる 2 ケタ本塁打を記録	シーズン終盤にはチームを 12 連勝に導く好リード 打撃でもチームに貢献を誓う
日刊スポーツ	「甲斐キャノン」の抑止力で盗塁企図数の減少が目標 打撃もレベルアップを目指す	育成出身の打てる捕手目指す

　リードについて言及は 2021 年の週刊ベースボールのみで、" 好リード " という記述は具体性に欠ける。

2022 年	2023 年
全試合出場 東京五輪で金メダルに貢献 盗塁阻止率 .452 3 年連続 2 ケタ本塁打	打撃不振 6 年連続ゴールデングラブ賞 嶺井加入
日本球界を代表する扇の要	打撃フォーム見つめ直し
5 年連続ゴールデン・グラブ 年俸は現役捕手最高タイ 右打ちの意識が高く 2 番構想もある 三振はリーグ最多	打率 .180 でのベストナインは史上最低記録ながら、侍ジャパンの栗山英樹監督は「勝利の伝道師」と信頼
飛躍の年となったことは間違いないはずだが、チームを勝利に導けなかったことに責任感	打率 2 割に及ばなかった打撃、捕球技術「フレーミング」を猛特訓
扇の要としてリーグ優勝 & 日本一奪回へ導く	チーム最多タイの出場数で投手陣を牽引

WBC 組の最後に、中村悠平の寸評を以下の表 2-5 に示す。

表 2-5　捕手寸評：中村悠平（ヤクルト）

媒体	2020 年	2021 年
共通	オフに右ひじクリーニング手術	選手会長
スポニチ	―	―
Slugger	規定打席到達年ではキャリア最高の打率 .269 & OPS.757 球団ワーストタイの 16 連敗に責任感	一軍定着後ワーストの出場試合数 0 本塁打は 9 年ぶり 海外 FA 権を獲得
週刊ベースボール	昨季は 126 試合出場と、正捕手の座を確保 同時に 12 球団ワーストとなったチーム防御率の責任も痛感	昨季は開幕日の 6 月 19 日にコンディション不良で離脱
日刊スポーツ	―	背番号を 52 から 2 に変更

　リードについて言及は 2023 年の日刊スポーツのみではあるが、" 強気のリード " はこれまでの捕手では見られなかった記述で、少しだけ具体的な内容に踏み込んだものである。

2022 年	2023 年
ベストナイン、ゴールデン・グラブ、日本シリーズ MVP を獲得 背番号 27 に変更	下半身の張りで 1 ヵ月出遅れる 2 年連続ゴールデン・グラブとベストナインを受賞 盗塁阻止率 .364 は 12 球団トップ
―	古田以来の 27 番をつけ V2 に貢献。松山自主トレに伏見 (日) や松川 (ロ) らも入門した球界代表する捕手
青木の離脱時には 2 番を務め、その後は 6 番に定着 チーム最多 14 犠打	6 月 24 日の巨人戦では菅野智之から人生初の 2 打席連続本塁打
捕手として 2 年連続リーグ防御率最下位の投手陣を立て直した チームトップの打率を残したバッティングでも日本一に貢献	―
―	今季も強気なリードで投手陣をけん引する

　ここまでの捕手のリードに関する記述を整理すると、それぞれの捕手でリードへの言及はあるものの、出版社間での一致は見られず、言及があったとしても具体的な内容ではないというものだった。

　他の捕手の寸評も同様の傾向で、全員を紹介するのは冗長なのでリードに関する言及のあった伏見寅威(表 2-6)と田村龍弘(表 2-7)の寸評を以下に示し、残りの捕手は割愛する。

表 2-6　捕手寸評：伏見寅威(日本ハム)

媒体	2020 年	2021 年
共通	左足アキレス腱を断裂し離脱	左アキレス腱断裂から復帰 強打の捕手として存在感
スポニチ	—	自己最多の先発マスク 43 試合
Slugger	5 月 2 日のロッテ戦でサヨナラ打	9 月は田嶋のプロ初完封をリード 打っては 4 本塁打
週刊 ベースボール	強打を武器に第 3 捕手 一塁や三塁の守備にも就く 代打で 29 試合に出場	—
日刊スポーツ	勝負強い打撃は存在感ある	71 試合に出場して攻守でアピール

2022 年	2023 年
自己最多の 91 試合に出場	国内 FA 権を行使 日本シリーズでも貢献
―	―
リーグ 2 位の盗塁阻止率 .415 捕逸ゼロの堅守	昨季はリーグ優勝を決めた試合で 3 打点
緩急を活かす投手の良さを引き出す巧みなリードを披露	巧みなリードと強肩
―	―

表 2-7　捕手寸評：田村龍弘（ロッテ）

媒体	2020 年	2021 年
共通	盗塁阻止率 .347 5 月に太腿を負傷して 1 ヵ月離脱	9 月に死球で指を骨折
スポニチ	—	—
Slugger	出場試合数はここ 5 年で最少 9 月 4 日の日本ハム戦で初のサヨナラアーチ	6 年ぶりに 100 試合出場未満 自慢の肩も盗塁阻止率 .222 と冴えず 4 本塁打は自己最多 コミュニケーション能力が高い
週刊 ベースボール	キャッチングやリードを含めたインサイドワークは成長 課題の打撃は非力さが残る	昨季、開幕直前に腰痛を発症するも意地の開幕スタメン 本拠地では長打率 3 割長で 17 打点と勝負強さも披露
日刊スポーツ	—	リードも回転早く引き出し豊富

　表 2-6 の伏見では、週刊ベースボールで 2022 年と 2023 年にリードに関する言及がある。巧みなリードという記述に加え、“ 緩急を活かす投手の良さを引き出す ” という他の捕手では見られなかった具体的な内容もある。ただし、出版社間での一致は見られない。

　表 2-7 の田村では、Slugger で 2022 年と 2023 年にリードに関する言及がある。こちらも巧みな配球という記述に加え、“ 相手打者の弱点を突く ” という少し具体的な記述もある。また、2021 年の日刊スポーツに “ リードも回転早く引き出し豊富 ” という記述もある。ただし、田村もリードについての出版社間の一致は見られない。

2022 年	2023 年
故障離脱が続く	FA 権を行使せずに残留 背番号を変更
攻守のバランス No.1	投手陣の信頼は随一
相手打者の弱点を突く配球が持ち味 2 年連続で 100 試合出場に届かず	巧みな配球が持ち味
―	―
コリジョン対応などベース周りの技術はさすが	―

私たちは捕手のリードに定見を持っているのか？

４．まとめ

　以上、捕手のリード評を選手名鑑の寸評から見てきた。結果としては、リードへの言及はあるものの、出版社間での一致が見られない部分的なもので、リードへの言及自体も具体性を欠くものが多かった。結局のところ、私たちは明確な能力としてリードを捉えることができていないのではないかと考えられる。

　この結果は、選手名鑑を執筆したライターを責めるものではない。そもそも捕手のリードの良し悪しを一貫して捉えることができていないわけで、当然それを表現する言葉も存在しないことが問題なのである。

５．今後の可能性

　出版社間での見解の一致が見られず、具体的な内容が欠けているということは、現状のリード評は打席ごとの結果という短期的な視点に引っ張られて、捕手のスキルとして正しく評価されていないという、里崎氏の指摘を支持するものである。はっきりと実像を捉えることができていないものを重要なスキルと考え評価の中心に据えることは、捕手の評価において大きなリスクとなるため改善が必要である。

　ただ、曖昧で一致した見解をもつことができていないからといって、そこには何もないと考えるのも早計である。捕手のスキルの中心に据える大きなものではなく、フレーミングのように、打席ごとの影響は明確ではないが、１シーズンの結果を積み重ねてみると、最終的には大きな得点価値の差となって表れてくるような要素が、曖昧な "リード評" の中にもある可能性はある。本稿で見られたリード評にある "強気" "緩急を活かす" "回転早く引き出し豊富" といった記述は、具体的なプレイに落とし込める可能性がある。これについては、今後の課題としたい。

セ・パで生まれる
フレーミング評価差の正体

二階堂 智志

（にかいどう・さとし）

DELTA 社の 1.02 というサイトでは毎年、「DELTA FIELDING AWARDS」という企画を行い、アナリストが守備を評価してその順位を公開している[1]。単純に UZR で比較するだけならばこのような企画は必要ないが、アナリストごとに守備の評価基準を持っているため、各々で結果に傾向が生まれるわけだ。

その評価基準の中でも、捕手の評価として頻繁に用いられるものに「フレーミング」というものがある。フレーミングとは、その捕手が捕球することによってストライク・ボールを増減させること。要は、ストライクゾーン付近に投じられたボールに対して有利な判定を引き出す技術だ。

このフレーミングだが、定量的に評価を行うと例年セ・リーグのキャッチャーとパ・リーグのキャッチャーとで明らかに傾向に差があり、ランキング上位はセ・リーグの捕手陣が占め、逆に下位はパ・リーグの捕手陣が占めている。この差が何によって発生しているのかを分析する。

1. セ・パのフレーミング評価の格差

では、セ・パで具体的にどのくらいフレーミング評価に差が生まれているか、以下の表で示す。なお、フレーミング評価の計算方法としては、投球された座標を 5×5 の 25 等分してから、その年の平均的なストライク率と比較するシンプルなものにした。

1）　https://1point02.jp/op/gnav/column/bs/column.aspx?cid=53938

表1　2023年度の捕手フレーミング（評価球1000球以上）

順位	リーグ	選手名	球団	FRM	評価球数
1	セ	坂本 誠志郎	神	16.1	5473
2	セ	大城 卓三	読	9.5	9292
3	セ	中村 悠平	ヤ	8.5	6985
4	パ	甲斐 拓也	ソ	3.8	9462
5	セ	山本 祐大	De	3.7	3751
6	セ	木下 拓哉	中	3.0	6555
7	セ	古賀 優大	ヤ	2.7	1771
8	パ	森 友哉	オ	2.3	4199
9	セ	戸柱 恭孝	De	1.5	3343
10	セ	石橋 康太	中	0.5	1575
11	パ	安田 悠馬	楽	0.0	2289
12	セ	内山 壮真	ヤ	-0.7	1935
13	セ	梅野 隆太郎	神	-0.9	4723
14	パ	清水 優心	日	-0.9	1378
15	セ	岸田 行倫	読	-1.5	1376
16	パ	古市 尊	西	-1.5	1270
17	セ	伊藤 光	De	-1.8	3753
18	パ	會澤 翼	広	-2.0	2624
19	パ	田村 龍弘	ロ	-2.1	4695
20	パ	炭谷 銀仁朗	楽	-2.2	3072
21	セ	宇佐見 真吾	中	-2.4	3396
22	パ	若月 健矢	オ	-2.5	6197
23	パ	A・マルティネス	日	-3.3	1994
24	パ	太田 光	楽	-3.5	5447
25	パ	伏見 寅威	日	-3.6	5167
26	パ	柘植 世那	西	-3.8	3411
27	パ	佐藤 都志也	ロ	-4.1	4716
28	パ	古賀 悠斗	西	-6.1	6688
29	セ	坂倉 将吾	広	-8.9	7892

一番右に「評価球」という馴染みのない列がある。これはフレーミングの評価対象である「見逃しストライク」「ボール」の数のことだ。

この表は FRM（フレーミングによって抑止した失点数）の順で並んでいるのだが、明確にセ・リーグの捕手が上位に、パ・リーグの捕手が下位に位置する傾向が表れている。これはたまたまこの年がそうだったというわけではなく、ほとんどの年でセ・リーグ＞パ・リーグとなってしまっている。

以下の表 2 が、年度ごとのセ・パ両リーグの FRM 合算値だ。

表 2　年度別 リーグフレーミング（FRM）
（評価球数 1000 球以上）

年度	セ	パ	差分
2014	0.3	-0.3	0.7
2015	16.2	-16.2	32.3
2016	14.4	-14.4	28.7
2017	-1.5	1.5	-2.9
2018	38.7	-38.7	77.5
2019	29.0	-29.0	57.9
2020	27.1	-27.1	54.3
2021	47.5	-47.5	94.9
2022	37.8	-37.8	75.5
2023	25.5	-25.5	51.0
合算 (/60000)	21.0	-20.9	41.9

セ＞パの強い傾向が表れていることがわかるだろう。一番下の合算(/60000) という行は、2014 〜 2023 年度の FRM 合算値を 60000 球（約 1 シーズン）あたりに換算したものだが、1 シーズンあたり 40 点以上の差分が発生していることになる。

この 10 年間の間で正捕手の座を維持しているのは中村悠平（ヤクルト）くらいしかいないため、個々人の技量以外の要素がこの差を生み出している可能性が考えられる。本稿ではそれらを検証していきたい。

2. セ・パのフレーミング差の原因を探る

（1）DH 制の有無

セ・パの環境の違いと言われて一番に思い浮かぶのは DH 制の有無だろう。セ・リーグではリーグ戦においては投手が打席に立つが、パ・リーグではかわりに指名打者が打席に立つ。一般に投手はバッティングには期待されておらず、また試合に影響のない場面であればいわゆる「無気力三振」のような打席も見られるため、そういった状況では球審のジャッジ基準が他の状況と比べて歪んでいたとしてもおかしくはない。

実際、MLB では長年 DH を不採用としていたナ・リーグとア・リーグとでは同様にフレーミング評価において、ナ＞アの傾向になっている（表 3）[2]。

表 3　年度別 MLB リーグ別フレーミング
（ナ・リーグ DH 不採用年のみ）

年度	ナ	ア
2011	67.5	-72.0
2012	70.2	-75.6
2013	18.1	-21.0
2014	-3.8	-1.5
2015	21.8	-20.6
2016	72.6	-75.9
2017	-38.7	36.4
2018	2.4	-2.6
2019	33	-37.1
2021	17	-17.7
合算 (/60000)	21	-20.9

それでは、NPB のフレーミング評価に DH の有無がどれだけ影響を与えているのかを調べたい。表 2 の評価式では公式戦全試合を評価対象としていたが、これは DH 制の有無はひとまとめにしてしまっているので、フィルタリングが必要だろう。しかし、単に DH 制の有無を分けて集計すると、DH なしはセ・リーグ、DH ありはパ・リーグばかりのデータセットになってしまうの

---

2)　https://www.fangraphs.com/

で適切な比較対象にならない。

　そこで今回は、2014 〜 2023 年度の交流戦の試合のみに限定し、各試合の DH の有無別で集計することで、それぞれの条件を揃えた状態で NPB 全体の FRM を算出した（表 4）。

表 4　年度別 DH 有無別 NPB 全体フレーミング

年度	DH なし	DH あり
2014	0.7	3.9
2015	1.6	0.7
2016	-7.4	-12.4
2017	-5.3	-8.2
2018	1.3	5.2
2019	-5.8	-4.9
2021	8.9	-13.1
2022	4.7	0.2
2023	-1.4	-9.5
合算 (/60000)	-2.0	-28.6

　年によってかなり数字にばらつきがあるが、一番下の 60000 球あたりの合算の部分を見ると、DH なしで -2.0 点、DH ありだと -28.6 となっており、NPB の捕手は交流戦の DH なしの試合では FRM で 2.0 点、DH ありの試合では 28.6 点の損失を生み出していたことになる。差を計算すると 26.6 点プラスなので、フレーミング評価において DH 制で試合を行うことのディスアドバンテージは 60000 球あたり換算で約 26.6 点分であると考えられる。

　2023 年度の NPB の各球団の試合日程は、リーグ戦は 125 試合、交流戦は 18 試合だった。セ・リーグ球団であれば、DH なしの試合はリーグ戦の 125 試合に加えて交流戦の半分の 9 試合、DH ありの試合は 9 試合程度ということになり、割合に直すと DH なしの試合が 93.7% で DH ありの試合は 6.3% 程度。逆にパ・リーグは、93.7% で DH あり、残り 6.3% は DH なしで行っていたことになる。この試合割合に対して、表 4 で求められた DH なしの利得 -2.0 と DH ありの利得 -28.6 点を代入してやると、そのリーグが DH の有無

によってどれだけ多くのフレーミングを稼いでいたかを求められそうだ。

> セ DH 分利得 = (-2.0 × 93.7%) + (-28.6 × 6.3%) = -3.7
>
> パ DH 分利得 = (-2.0 × 6.3%) + (-28.6 × 93.7%) = -26.9
>
> セパの DH 利得差分 = セ DH 分利得 - パ DH 分利得 = 23.2

　この計算結果から、セ・リーグはパ・リーグに比べて、DH 制を採用していないことによって 60000 球あたり 23.2 点の利得を得ていたことがわかった。表 1 では、セ・パの FRM は 60000 球あたり 41.9 点の差がついていたが、そのうちの 5 割強は DH 制の有無によるものだと仮説を立てることができそうだ。しかしそれでは、残りの差はどこから来ているのだろうか。他にも要因があるかもしれない。

（2）審判の偏り

　今度は別の角度からセ・パの違いを考えてみよう。古株の野球ファンの中には、「セ・パで審判が違うものだ」というイメージを持っている人もいるかもしれない。2011 年シーズンまで、NPB の審判はセ・パで担当が決まっていたのだ[3]。現在ではその枠組みは撤廃されたが、審判ごとに担当する地域の傾向が決まっている場合、セ・パの環境の違いを生んでしまっている可能性が考えられる。

　2023 年度の公式戦において、各球審を担当したセ・パの試合数を図にしてみよう（図 1）。

---

3)　プロ野球審判員　セ・パ担当制、今年から撤廃
https://www.asahi.com/sports/baseball/npb/news/TKY201102170343.html

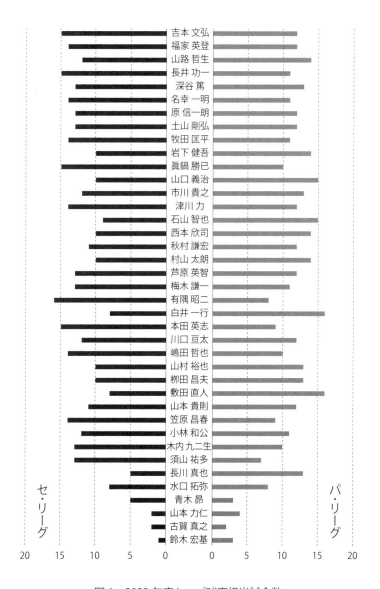

図1　2023年度セ・パ球審担当試合数

縦にずらっと全球審が並んでおり、左側はセ・リーグ、右側はパ・リーグの球審担当試合数となっている（交流戦は除外している）。

セ・リーグの方が多い審判、パ・リーグの方が多い審判がそれぞれいるものの、どちらかに極端に偏った球審は少ない。これは2023年だけでなく、どの年も同じだ。だが一定の偏りは存在はするため、彼らがセ・パの差を発生させる原因となっているかもしれない。

それでは、各審判に対してその年に主審を担当した試合数がセ・パで3試合以上差がある場合（交流戦を除き）、ここでは暫定的に「セ担当審判」「パ担当審判」というグループに分類しよう。そして、各グループが主審を担当した試合ではそれぞれどれくらいのフレーミングが測定されていたかを調べた（表5）。

表5　セ・パ担当審判のリーグ別フレーミング（すべて60000球あたり）

審判区分	レコード	セ・リーグ戦 FRM	パ・リーグ戦 FRM	差分
セ審判	106	33.2	-6.7	39.8
中間	215	16.9	-22.6	39.5
パ審判	112	11.5	-27.5	39.0

この表の審判区分とは前述した通り、その審判がどちらのリーグで球審を務めることが多かったかの区分だ。その右のレコードは区分された審判の数。これは年度ごとに集計しているため、同じ審判でも年度が違うと別レコードとして扱われる。その右にあるのが、セ・パの試合のフレーミング評価と、その差分である。

各リーグごとのFRMを見ると、セ担当審判のFRMの値はセ・パ戦ともに高めである一方、パ担当審判のほうは低く、各グループでストライクコールのジャッジに異なる傾向があったことがわかる。しかし、注目すべきは一番右の差分の部分だ。どのグループであっても39〜40点程度のプラスとなっており、即ちどのグループもセ・パで同じように60000球あたり39点分の差を付けていることがわかる。このことから、この3グループが両リーグで均等に球審を務めていたとしても、セ・パ全体のフレーミング差は大きく変わらな

いことが予想される。

　なお、ここでは年内の担当試合数でグループ分けしたが、異なる条件での
グループ分けを行った場合、例えば複数年にまたがるセ・パの担当試合数
の偏りで区分しても同じような結果になった。

（3）対戦相手の違い

　（1）と（2）ではルールや球審といった外的要因に焦点を当てて分析した。
今回は、対戦相手の違いによる影響を分析したい。パ・リーグといえば近藤
健介(ソフトバンク)や森友哉(オリックス)といった、ボールの見極めが上手
い選手の印象が強い。そういった選手と多く対戦する捕手は、フレーミング
で良い評価を勝ち取るのが難しくなっている可能性はあるだろう。

　手法としては、セ・パ両リーグの捕手のFRMを交流戦とリーグ戦の2つ
に分けて集計する。ただし、前述の通りDH制の有無がフレーミング評価に
大きな影響を与えていることはわかっているため、比較対象は「セのリーグ戦
と交流戦のDHなし試合」および「パのリーグ戦と交流戦のDHあり試合」とし
た（表6）。

表6　セ・パ捕手の試合種別フレーミング（すべて60000球あたり）

捕手区分	リーグ戦	交流戦	差分
セ捕手	22.7	17.5	5.2
パ捕手	-18.3	-57.3	39.0

　横列は対戦チームのリーグで区分されており、縦列は捕手の所属リーグご
とに分かれている。例えば、セ・リーグの捕手はリーグ戦ではFRMで22.7
点、交流戦では17.5点を稼いでいるということになる。差は5.2であるため、
セ・リーグと対戦することによって60000球あたり5.2点の利得を得ていた
ということだ。逆に、パ・リーグの捕手はセ・リーグ相手にはFRM-57.3、リー
グ戦は-18.3だったので、パ・リーグと対戦することによる利得は39.0点と
いうことになる。

　つまり、セ・リーグ捕手の場合はセ・リーグ相手の方がFRMを稼ぎやす

いが、パ・リーグ捕手の場合はパ・リーグ戦の方が FRM を稼ぎやすかった
ということになり、どちらのリーグが稼ぎやすいとは言い切れない結果になっ
た。2015 年以降の交流戦では、基本的にセ・リーグチームがホームであれ
ば DH なし、パ・リーグチームがホームであれば DH ありであるため、主催
試合の偏りは発生していると思われるが、仮にもしホームチームのほうが有
利な判定を貰いやすいのであれば、ビジターチームの成績が半数を占める
リーグ戦の方が不利になるため、結果は逆でなければならないはずだ[4]。

　今回は分析の対象となった試合が限定されていることから、サンプルサイ
ズが不足しているか、何らかのバイアスが起因している可能性が考えられ
る。数字だけを見ると、セ・リーグ打者よりもパ・リーグ打者と対戦する方が
FRM を稼ぎやすいということになるが、もう少し慎重な分析が必要だろう。

（4）まとめ

　セ・パのフレーミング評価の格差を生む一因となっていたのは DH 制の有
無で、具体的には 60000 球あたり約 23.2 点分の差を生んでいたようだ。た
だし、それだけではセパの差のすべてを説明できないため、他にも要因があり
そうではあるが、あまり差がなかったり断定が難しかったりというものが多
く、今後の分析に課題を残す結果となった。

3.　前章を踏まえたフレーミング評価

　DH 制の有無によってパ・リーグ側に不利に働いていたことがわかったため、
これを使って現在行っているフレーミング評価に補正を与えて再計算したい。
表 4 をもとに、評価球 60000 球あたり DH なしの試合なら 2.0 点、DH あり
の試合なら 28.6 点を表 1 での評価に加えてやると、表 7 の通りになる。

---

4)　市川博久「球審はホームチームに有利な判定をするのか？」
　　https://1point02.jp/op/gnav/column/bs/column.aspx?cid=53489

表7　DH制の試合分の補正を与えた2023年度捕手フレーミング

順位	所属リーグ	選手名	球団	FRM	評価球数
1	セ	坂本 誠志郎	神	16.4	5473
2	セ	大城 卓三	読	10.1	9292
3	セ	中村 悠平	ヤ	9.0	6985
4	パ	甲斐 拓也	ソ	8.0	9462
5	パ	森 友哉	オ	4.1	4199
6	セ	山本 祐大	De	3.9	3751
7	セ	木下 拓哉	中	3.4	6555
8	セ	古賀 優大	ヤ	2.8	1771
9	セ	戸柱 恭孝	De	1.8	3343
10	パ	安田 悠馬	楽	1.0	2289
11	セ	石橋 康太	中	0.5	1575
12	パ	若月 健矢	オ	0.4	6197
13	パ	田村 龍弘	ロ	0.0	4695
14	パ	清水 優心	日	-0.3	1378
15	セ	梅野 隆太郎	神	-0.6	4723
16	セ	内山 壮真	ヤ	-0.6	1935
17	パ	炭谷 銀仁朗	楽	-0.8	3072
18	パ	古市 尊	西	-1.0	1270
19	パ	太田 光	楽	-1.1	5447
20	パ	伏見 寅威	日	-1.2	5167
21	セ	岸田 行倫	読	-1.4	1376
22	セ	伊藤 光	De	-1.7	3753
23	セ	會澤 翼	広	-1.8	2624
24	セ	宇佐見 真吾	中	-2.0	3005
25	パ	佐藤 都志也	ロ	-2.1	4716
26	パ	柘植 世那	西	-2.2	3411
27	パ	A・マルティネス	日	-2.6	1994
28	パ	古賀 悠斗	西	-3.1	6688
29	セ	坂倉 将吾	広	-8.4	7892

セ・パで生まれるフレーミング評価差の正体

　相変わらず上位陣の顔ぶれは変わらないものの、パ・リーグの捕手の評価
が全体的に改善された。今季で大幅にFRMの向上した甲斐拓也（ソフトバン
ク）は大城卓三（読売）、中村悠平（ヤクルト）らに肉薄する成績になっている。
また、元々セ・リーグの選手ながら数字の伸びていなかった坂倉将吾（広島）
は、この補正によって差をつけられる格好になった。

　現代で正確な投球座標を測る手法といえばトラッキングデータである。
2023年にはついにホークアイが全12球団に導入され、以前に比べて各
球団はトラッキングデータのデータ収集・蓄積を行いやすい時代になった。
MLBと同様にそういったデータが一般公開されれば、本稿のような分野の分
析はさらなる発展が見込まれるだろう。

ピッチトンネルは
配球に影響を与えるか？

宮下 博志
（みやした・ひろし）

　近年の野球界では周回効果と呼ばれる現象が注目されている。周回効果とは、主に先発投手に対する打者の慣れの影響を示す現象である。先発投手は打者1巡目より2巡目の方が打たれやすく、2巡目より3巡目の方が打たれやすい。広く感覚的に理解されている現象だが、周回効果の研究が進んだことで、近年のMLBでは周回効果を背景とした投手起用が進んでいる。打者3巡目の先発投手を続投するよりも、救援投手に継投した方が失点を抑えやすいため、先発投手を引っ張りすぎない継投策がトレンドとなっている。

　どのような投手が周回効果を抑えられるかといった研究も行われているが、ここではピッチトンネリングが周回効果に影響を与えるか確認する。つまり、ピッチトンネリングによって、打者がボールの軌道へ慣れる現象を軽減できるか否かを検証する。以下の検証は、baseball savant から取得した2020年から2023年のMLBで取得されたStatcastのデータを使用する[1]。

1. 周回効果の確認

　はじめに、周回効果の効果を確認する。1試合の中で投手と打者の対戦1巡目、2巡目、3巡目を集計し、1巡目と2巡目の差分、2巡目と3巡目の差分を周回効果として捉える。対戦データは少なくとも1試合で2回以上対戦した投手と打者の組み合わせのみ集計し、マッチアップ毎の周回効果の平均値を算出した。4巡目はサンプルが少ないが参考として記述する。表1-1は2巡目以降まで投げた投手の周回効果、表1-2は3巡目以降まで投げた投手の周回効果を示している。

1）　今回使用したデータはすべて MLB Advanced Media が運営する
Baseball Savant から取得している。https://baseballsavant.mlb.com
（最終閲覧日 2024 年 1 月 5 日）

スイング結果や打席結果における周回効果を確認すると、対戦2巡目、3巡目でwOBAが悪化している。スイング関連ではスイング率が上昇し、空振り率が低下している。この結果は打者がボールの軌道に慣れ、積極的にスイングしている様子を類推できる。

表 1-1　周回効果（2020-2023/MLB）

対戦回数	wOBA 累積差分	xwOBA 累積差分	Swing% 累積差分	Whiff% 累積差分
2 巡目	+.014	+.013	+2.4%	-1.6%
3 巡目	+.041	+.034	+3.2%	-2.4%
4 巡目	+.094	+.064	+3.9%	-1.1%

表 1-2　打者 3 巡目以降まで投げた投手の周回効果（2020-2023/MLB）

対戦回数	wOBA 累積差分	xwOBA 累積差分	Swing% 累積差分	Whiff% 累積差分
2 巡目	+.002	+.007	+1.9%	-1.4%
3 巡目	+.029	+.028	+2.7%	-2.2%
4 巡目	+.082	+.057	+3.5%	-0.8%

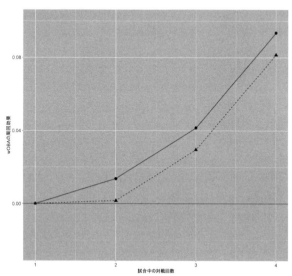

投手グループ　● 全体　▲ 打者 3 巡目以上対戦した投手

図1　wOBA の周回効果
（2020-2023/MLB）

打者３巡目以降まで投げた投手に限定した周回効果では、１巡目⇒２巡目の周回効果が小さくなっている。これは、２巡目で降板した投手は１巡目⇒２巡目の周回効果が大きく、３巡目以降まで投げている投手は２巡目をクリアしているためだ。しかし、打者２巡目をクリアした投手であっても、３巡目を抑えるのは困難となっている。

このように、周回効果は先発投手にとって非常に重要な現象である。しかし、仮に周回効果を軽減できる投球が存在するなら、先発投手は失点を抑えながら長いイニングを投げられるはずである。以降は周回効果を軽減するファクターとして、ピッチトンネリングの概念を検証する。ピッチトンネリングとは、似た軌道のボールを投げ続けることで打者に球種を絞らせず、打者を幻惑できるとされる考え方である。つまり、打者が２巡目３巡目でボールの軌道に慣れたとしても、ピッチトンネリングによって軌道の先を予測させない事で、周回効果を軽減できる可能性を検証する。

2. ピッチトンネリングは打者の慣れを軽減するか

ピッチトンネリングの検証は Statcast の投球軌道データを使用し、以下のステップで勧める。

1. ホームベースから 7.25m 手前の地点をコミットポイント（打者がスイングを判断する地点）とする

2. コミットポイントにおける、直前の投球との軌道の差を計算する

3. 投手、打者、試合、対戦回数ごとに軌道差の平均を集計する

4. 結果球時点の、試合中の軌道差の平均を集計する

　a. ２巡目であれば１巡目＋２巡目の軌道差の平均

　b. ３巡目であれば１巡目＋２巡目＋３巡目の軌道差の平均

5. 軌道差の大小でグループを分け、グループ別の周回効果を検証する

つまり似た軌道の投球を続ける投手と、バラバラの軌道で投げる投手とで周回効果を比較し、ピッチトンネリングが周回効果に与える影響を検証する。表 2-1、2-2 は試合中の軌道差グループ別の周回効果を表している。なお、軌道差の平均は概ね 30cm 前後である。

表 2-1 を確認すると、軌道差にかかわらず全てのグループで 3 巡目に打席結果が大きく悪化している。ただし表 2-2、打者 3 巡目以降まで投げた投手に限定した場合、概ね軌道差が小さい＝似た軌道で投げ続けているグループの投手は周回効果が大きく現れている。特にスイング率、空振り率で顕著な傾向が出ており、似た軌道のボールを投げ続けると打者はボールに慣れ、色々な軌道のボールを投げると打者の慣れを軽減しやすい傾向を示唆している。

ただしボールの軌道差は投手のコマンド（制球力）や球種数に依存するため、この結果は同じ投球コースに同じ球種を投げ続けるリスクや、先発投手に求められる球種数など、先発投手に求められる資質の示唆に富んでいる。

表 2-1　軌道差別・累積の周回効果（2020-2023/MLB）

軌道差の平均	対戦回数	wOBA 累積差分	xwOBA 累積差分	Swing% 累積差分	Whiff% 累積差分
15.0-22.5cm	2 巡目	+.025	+.020	+3.3%	-2.0%
22.5-30.0cm	2 巡目	+.010	+.010	+2.6%	-1.8%
30.0-37.5cm	2 巡目	+.013	+.012	+2.0%	-1.2%
37.5-40.0cm	2 巡目	+.017	+.021	+1.0%	-1.6%
15.0-22.5cm	3 巡目	+.047	+.036	+4.4%	-3.1%
22.5-30.0cm	3 巡目	+.042	+.034	+3.6%	-2.8%
30.0-37.5cm	3 巡目	+.039	+.031	+2.9%	-2.0%
37.5-40.0cm	3 巡目	+.038	+.034	+0.5%	-2.1%

表 2-2　打者 3 巡目以降まで投げた投手の
軌道差別・累積の周回効果（2020-2023/MLB）

軌道差の 平均	対戦回数	wOBA 累積差分	xwOBA 累積差分	Swing% 累積差分	Whiff% 累積差分
15.0-22.5cm	2 巡目	+.024	+.017	+2.7%	-1.6%
22.5-30.0cm	2 巡目	-.007	+.003	+2.2%	-1.5%
30.0-37.5cm	2 巡目	+.002	+.007	+1.3%	-0.9%
37.5-40.0cm	2 巡目	+.006	+.015	+0.5%	-1.4%
15.0-22.5cm	3 巡目	+.045	+.033	+3.8%	-2.6%
22.5-30.0cm	3 巡目	+.025	+.027	+3.1%	-2.5%
30.0-37.5cm	3 巡目	+.028	+.025	+2.1%	-1.7%
37.5-40.0cm	3 巡目	+.026	+.028	+0.0%	-1.8%

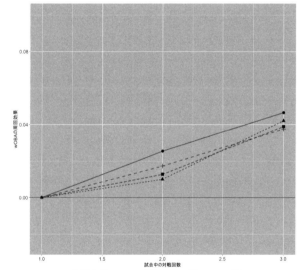

軌道差　● 15−22.5　▲ 22.5-30　■ 30-37.5　＋ 37.5-45

図 2-1　ピッチトンネリングを考慮した
wOBA の周回効果
（2020-2023/MLB）

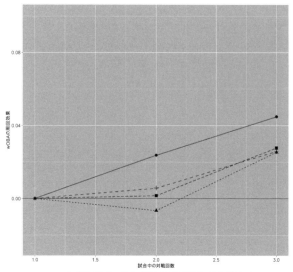

軌道差 ● 15−22.5 ▲ 22.5-30 ■ 30-37.5 ＋ 37.5-45

図 2-2　ピッチトンネリングを考慮した
打者 3 巡目以降まで投げた投手の
wOBA の周回効果（2020-2023/MLB）

3.　ピッチトンネリングと投球コース

　前述の通り、ボールの軌道差は投手の制球力に依存する。多くの投手はストライクゾーン付近に投げようとするため、直前の投球と似た軌道の投球はストライクゾーン付近に集まりやすく、逆はボールゾーンに集まりやすい傾向がある。これは一般的なピッチトンネリング分析におけるノイズとなっているため、ピッチトンネリングの評価は投球コースの検討が必要である。ここでは投球コースの影響を確認するため、先程の分析に試合中のストライクゾーン投球割合を変数として追加する。ストライクを投げ続けた場合とボールゾーンの投球が多い場合とで、軌道差の影響に差が出るかを確認する。

　ストライクゾーンへの投球割合が低いグループ（20-40%）では、軌道差が小さい投手の方が周回効果が小さくなっている。一方、最も軌道差が大きい

投手グループはスイング率が低下しており、打者がボールゾーンを見極めて
いる様子が見て取れる。特に 3 巡目以降まで投げた投手の場合に顕著である。

表 3-1　ストライクゾーン投球割合 20-40%・
軌道差別・累積の周回効果（2020-2023/MLB）

ゾーン 投球割合	軌道差の 平均	対戦回数	wOBA 累積差分	xwOBA 累積差分	Swing% 累積差分	Whiff% 累積差分
20-40%	15.0-22.5cm	2 巡目	+.007	+.007	+0.7%	-1.1%
20-40%	22.5-30.0cm	2 巡目	+.002	-.002	+1.6%	-1.6%
20-40%	30.0-37.5cm	2 巡目	+.012	+.006	+1.2%	-0.7%
20-40%	37.5-40.0cm	2 巡目	+.030	+.021	+0.3%	-1.4%
20-40%	15.0-22.5cm	3 巡目	+.032	+.029	+0.1%	-5.1%
20-40%	22.5-30.0cm	3 巡目	+.031	+.031	+1.3%	-2.1%
20-40%	30.0-37.5cm	3 巡目	+.026	+.024	+0.8%	-1.7%
20-40%	37.5-40.0cm	3 巡目	+.054	+.042	-0.8%	-1.5%

表 3-2　打者 3 巡目以降まで投げた投手かつストライクゾーン
投球割合 20-40%・軌道差別・累積の周回効果（2020-2023/MLB）

ゾーン 投球割合	軌道差の 平均	対戦回数	wOBA 累積差分	xwOBA 累積差分	Swing% 累積差分	Whiff% 累積差分
20-40%	15.0-22.5cm	2 巡目	+.003	-.007	+0.6%	-0.7%
20-40%	22.5-30.0cm	2 巡目	-.016	-.009	+0.6%	-1.3%
20-40%	30.0-37.5cm	2 巡目	+.007	+.003	+1.1%	-1.2%
20-40%	37.5-40.0cm	2 巡目	+.021	+.013	-0.3%	-1.2%
20-40%	15.0-22.5cm	3 巡目	+.027	+.015	+0.0%	-4.7%
20-40%	22.5-30.0cm	3 巡目	+.013	+.024	+0.4%	-1.8%
20-40%	30.0-37.5cm	3 巡目	+.021	+.021	+0.7%	-2.3%
20-40%	37.5-40.0cm	3 巡目	+.045	+.035	-1.4%	-1.2%

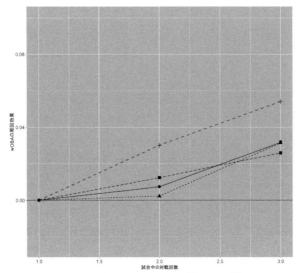

図 3-1　ストライクゾーン投球割合 20-40%
　　　　グループの wOBA の周回効果
　　　　（2020-2023/MLB）

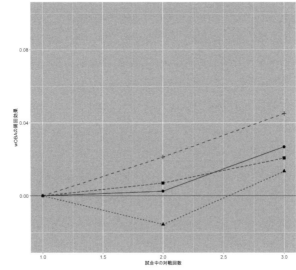

図 3-2　打者 3 巡目以降まで投げた投手かつ
　　　　ストライクゾーン投球割合 20-40%
　　　　グループの wOBA の周回効果
　　　　（2020-2023/MLB）

一方、ストライクゾーンへの投球割合が一定以上のグループ（40%-60%/60-80%）では、2巡目時点では軌道差が小さい投手グループの周回効果が強く出ており、似た軌道で投げ続けると早い段階で対応されている。ただし、この傾向は3巡目では解消され、グループ間の差がなくなっている。この現象は、打者がボールの軌道に慣れても打てないボールの存在や、慣れの効果に限界がある事を示唆している。

表4-1　打者2巡目以降まで投げた投手かつストライク
ゾーン投球割合 40-60%・軌道差別・累積の周回効果（2020-2023/MLB）

ゾーン 投球割合	軌道差の 平均	対戦回数	wOBA 累積差分	xwOBA 累積差分	Swing% 累積差分	Whiff% 累積差分
40-60%	15.0-22.5cm	2巡目	+.024	+.018	+3.3%	-2.6%
40-60%	22.5-30.0cm	2巡目	+.006	+.010	+2.9%	-1.7%
40-60%	30.0-37.5cm	2巡目	+.014	+.014	+2.1%	-1.6%
40-60%	37.5-40.0cm	2巡目	+.016	+.024	+1.4%	-1.6%
40-60%	15.0-22.5cm	3巡目	+.048	+.035	+4.3%	-2.8%
40-60%	22.5-30.0cm	3巡目	+.036	+.030	+4.0%	-2.8%
40-60%	30.0-37.5cm	3巡目	+.047	+.032	+3.1%	-2.1%
40-60%	37.5-40.0cm	3巡目	+.036	+.028	+0.8%	-2.9%

表4-2　打者3巡目以降まで投げた投手かつストライク
ゾーン投球割合 40-60%・軌道差別・累積の周回効果（2020-2023/MLB）

ゾーン 投球割合	軌道差の 平均	対戦回数	wOBA 累積差分	xwOBA 累積差分	Swing% 累積差分	Whiff% 累積差分
40-60%	15.0-22.5cm	2巡目	+.022	+.020	+2.5%	-2.4%
40-60%	22.5-30.0cm	2巡目	-.007	+.004	+2.6%	-1.5%
40-60%	30.0-37.5cm	2巡目	+.002	+.008	+1.2%	-0.9%
40-60%	37.5-40.0cm	2巡目	+.000	+.017	+1.3%	-1.4%
40-60%	15.0-22.5cm	3巡目	+.047	+.037	+3.4%	-2.5%
40-60%	22.5-30.0cm	3巡目	+.023	+.023	+3.7%	-2.6%
40-60%	30.0-37.5cm	3巡目	+.034	+.027	+2.2%	-1.4%
40-60%	37.5-40.0cm	3巡目	+.021	+.021	+0.7%	-2.7%

ピッチトンネルは配球に影響を与えるか？

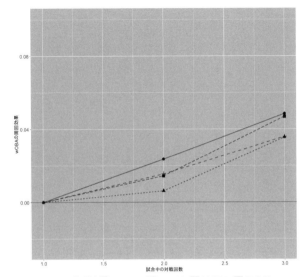

図 4-1　ストライクゾーン投球割合 40-60%
　　　　グループの wOBA の周回効果
　　　　（2020-2023/MLB）

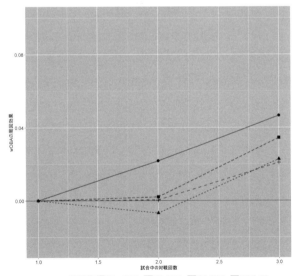

図 4-2　打者 3 巡目以降まで投げた投手かつ
　　　　ストライクゾーン投球割合
　　　　40-60% グループの wOBA の周回効果
　　　　（2020-2023/MLB）

表 5-1　打者 2 巡目以降まで投げた投手かつストライクゾーン
投球割合 60-80%・軌道差別・累積の周回効果（2020-2023/MLB）

ゾーン 投球割合	軌道差の 平均	対戦回数	wOBA 累積差分	xwOBA 累積差分	Swing% 累積差分	Whiff% 累積差分
60-80%	15.0-22.5cm	2 巡目	+.030	+.027	+4.1%	-1.5%
60-80%	22.5-30.0cm	2 巡目	+.013	+.015	+3.1%	-1.9%
60-80%	30.0-37.5cm	2 巡目	+.013	+.017	+3.9%	-1.3%
60-80%	37.5-40.0cm	2 巡目	-.014	+.003	+1.6%	-1.8%
60-80%	15.0-22.5cm	3 巡目	+.039	+.036	+5.6%	-2.7%
60-80%	22.5-30.0cm	3 巡目	+.055	+.042	+4.4%	-3.0%
60-80%	30.0-37.5cm	3 巡目	+.027	+.028	+6.0%	-2.1%
60-80%	37.5-40.0cm	3 巡目	+.013	+.035	+2.8%	+1.1%

表 5-2　打者 3 巡目以降まで投げた投手かつストライクゾーン
投球割合 60-80%・軌道差別・累積の周回効果（2020-2023/MLB）

ゾーン 投球割合	軌道差の 平均	対戦回数	wOBA 累積差分	xwOBA 累積差分	Swing% 累積差分	Whiff% 累積差分
60-80%	15.0-22.5cm	2 巡目	+.033	+.025	+3.1%	-1.2%
60-80%	22.5-30.0cm	2 巡目	-.008	+.006	+3.1%	-1.6%
60-80%	30.0-37.5cm	2 巡目	-.002	+.007	+3.3%	-1.2%
60-80%	37.5-40.0cm	2 巡目	-.023	+.003	+0.1%	-1.1%
60-80%	15.0-22.5cm	3 巡目	+.042	+.034	+4.6%	-2.3%
60-80%	22.5-30.0cm	3 巡目	+.034	+.033	+4.4%	-2.6%
60-80%	30.0-37.5cm	3 巡目	+.011	+.018	+5.4%	-2.0%
60-80%	37.5-40.0cm	3 巡目	+.004	+.035	+1.3%	+1.8%

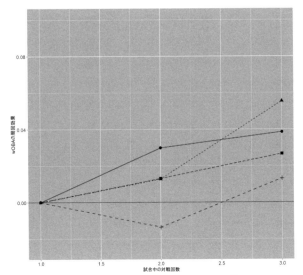

図 5-1　ストライクゾーン投球割合 60-80%
　　　　グループの wOBA の周回効果
　　　　（2020-2023/MLB）

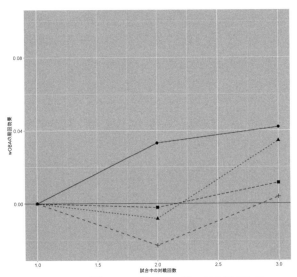

図 5-2　打者 3 巡目以降まで投げた投手かつ
　　　　ストライクゾーン投球割合 60-80%
　　　　グループの wOBA の周回効果
　　　　（2020-2023/MLB）

4．結論

　上記の結果から、似た軌道の投球を集める投手はストライクゾーンで周回効果を受けやすいが、ボールゾーンでは周回効果を受けにくい。一方、色々な軌道で投げる投手はストライクゾーンで周回効果を受けにくいが、ボールゾーンでは周回効果を受けやすい。球種が多い投手は積極的にストライクゾーンを活用しやすく、球種が少ない投手はボールゾーンで勝負できる変化球が生命線となりそうだ。ただし、いずれの投手も3巡目では打者に対応されてしまう結果となっているため、慣れの影響から完全に逃れることは難しい。

　なお、今回は3巡目の周回効果を軽減する投手タイプを確認できなかったが、ストライクゾーンの使い方で2巡目の周回効果を抑えられる可能性は見出された。ピッチトンネリングを使った周回効果の検証が、1打席単位の配球ではなく、試合全体を意識した配球理論の重要性を再考する第一歩となれば幸いである。

スイッチヒッターから
右投げ左打ちの特性を検証する

並木 晃史
（なみき・あきふみ）

　右投左打の選手について「右投左打は利き手で最後に押し込みが弱くなりやすく長打を打ちにくい」、「右投左打は引き手が利き手側になるためバットを操作しやすくコンタクトしやすい」と言われることがある[1]。だが実際にそのような傾向はあるのだろうか。

1．通算成績で本塁打・打率上位の選手の利き手

表 1-1　NPB 通算本塁打数

順位	選手	本塁打	利き手
1	王 貞治	868	左投左打
2	野村 克也	657	右投右打
3	門田 博光	567	左投左打
4	山本 浩二	536	右投右打
5	清原 和博	525	右投右打
6	落合 博満	510	右投右打
7	張本 勲	504	左投左打
7	衣笠 祥雄	504	右投右打
9	大杉 勝男	486	右投右打
10	金本 知憲	476	右投左打

　「右投左打の選手は右投右打の選手ほど長打を打てない」ことの根拠として表 1-1 のような通算本塁打数上位の選手とその利き手について示されることがある。上位 10 名中右投左打は 10 位の金本知憲のみとなっている。この結果からすると右投左打は本塁打を打ちにくいように思われるかもしれない。

1)　**イチロー、松井秀喜、大谷翔平…右投げ左打ちが多い理由　「一塁に近い」以外の利点も**
https://full-count.jp/2022/03/08/post1190803/

　ただ、このような比較はやや問題がある。まず右投右打の通算本塁打上位の選手が左で打った場合を想定できていないことだ。例えば彼らが幼少期から左打に取り組んでプロになった場合に、実際に残した成績より本塁打が増えていた、あるいは減っていた可能性がある。この仮定の話についてはもはや検証のしようがない。

　また、単純に右投左打の人口が野球の歴史で最近まで少なかったという可能性もある。絶対数として右投右打や左投左打が多いというなら、右投左打がこのような通算記録に入りにくいということになる。このように通算本塁打記録を基に右投左打の特性を測ることは適切ではない。

2. スイッチヒッターから左右の差を探る

　この問題を解決するには、実際に同じ選手が左右両方の打席でプレーした場合にどのような差があるかを測定すればよい。そして実際に両打席でプレーしている選手は存在する。左右両方の打席に立つスイッチヒッターだ。

　検証の方法としては MLB でプレーした右投げのスイッチヒッターを対象に左右それぞれの打席で各種指標を算出。そして、それらの指標について少ない方の分母で重み付けを行って平均を取る。算出した左右別の指標を見てその差を探っていく。

　使用データは Baseball Savant で公開されている 2017-2023 の Statcast データとする[2]。

　また、ほぼ片方の打席にしか立たない選手がナックルボーラーやカットボールに対応する狙いで普段と逆の打席に立ったような例を除くため、各年度両方の打席で 50 以上を記録していない選手は除外した。

2)　Baseball Savant
　　https://baseballsavant.mlb.com/

（1）打席単位のデータ

表 2-1　両打の打席別

打席	K%	BB%	wOBA
右	21.4%	9.4%	.342
左	20.1%	8.2%	.349

まず K%、BB%、wOBA 等の打席単位のデータを見ていく。

打席に占める三振の割合を示す K% を見ると右打席が 21.4% に対し左打席が 20.1% と右打席より 1.3% 低い。この結果から左打席の方がバットコントロールに優れていると思うかもしれない。ただ、BB% は右打席が 9.4% に対し左打席が 8.2%、左打席の方が 1.2% 低いことがわかる。四球が少なくなる理由としては打者が早いカウントで積極的にスイングを仕掛けている可能性があるため、この時点でバット操作に優れると考えるのは早計だ。バットコントロール等はまた別の方法で検証したい。

得点価値を基にした指標、wOBA では左打席の方が右打席より 7 ポイント上回っている。わずかだが左打席の方が優れたパフォーマンスになりやすいようだ。

（2）コンタクト率

バットコントロールについて探る方法として、打者がスイングをしたときにどれだけ投球にコンタクトできたかを示す、コンタクト率をここでは用いる。

表 2-2　両打の打席別コンタクト率

打席	Z-Contact%	O-Contact%
右	82.8%	60.6%
左	83.9%	61.8%

表 2-2 では Z-Contact%（ゾーン内のコンタクト率）、O-Contact%（ゾーン外のコンタクト率）と 2 種類のコンタクト率について示した。Z-Contact% では

右打席が 82.8% に対し左打席は 83.9% と 1.1% 多く投球にコンタクトできて
いて、O-Contact% でも右打席が 60.6% に対し 61.8% と 1.2% 多く投球にコ
ンタクトできている。左打席のほうがわずかに投球にコンタクトしやすいとい
う結果になった。

（3）スイング率

表 2-3　両打の打席別スイング率

打席	Z-Swing%	O-Swing%
右	68.0%	27.4%
左	68.5%	29.0%

　スイング率では Z-Swing%（ゾーン内のスイング率）で右打席が 68.0%
に対し左打席が 68.5%、O-Swing%（ゾーン外のスイング率）で右打席が
27.4% に対し左打席が 29.0% と右打席より左打席の方が積極的にスイング
する傾向にある。
　左打席の方が右打席より三振が少ないのは、コンタクト率が高くなることと
積極的に振ることが合わさって影響しているものと考えられる。

（4）打球

表 2-4　両打の打席別打球指標

打席	Brls/BBE	Hard Hit%	FB%	xwOBAcon
右	6.5%	34.5%	23.4%	.348
左	5.9%	35.4%	20.8%	.339

　打球結果については、まず Brls/BBE について見ていく。Brls/BBE とは打
球に占めるバレルの割合だ。バレルとは打率 .500 以上、長打率 1.500 以上
になることが見込まれる打球の速度と角度の組み合わせのことであり、高確
率で長打になる打球とも言える。Brls/BBE は右打席が 6.5% に対し左打席が

スイッチヒッターから右投げ左打ちの特性を検証する

5.9%、0.6% ほど右打席の方が高くなっている。打球を長打にすることについていえば左打席より右打席の方が優れているようだ。

　打球についてさらに詳しく見ていくと Hard Hit%（153km/h 以上の打球割合）は右打席 34.5% に対し左打席が 35.4% とむしろ左打席の方が高くなっている。「右投左打は利き手で押し込めないから長打になりにくい」という巷の説とは逆になっている。

　打球速度では劣る右打席が左打席より Brls/BBE が高いのはフライ打球の発生率の違いと考えられる。FB%（フライ／打球）は右打席が 23.4% に対し左打席は 20.8%、右打席の方が左打席より 2.6% フライが多いという結果となった[3]。　右打席の方が長打性の打球を打てるのは速度ではなくフライの多さに依存する形と考えられる。

　最後に速度と角度を基にした打球の価値である xwOBAcon について見ると右打席が .348 に対し左打席が .339 と右打席の方が 9 ポイント高い。打球についてだけ言えば右打席は左打席よりよい結果を生み出しやすいようだ。

3．まとめ

①左打席は右打席より三振が少なくなる傾向にある。

②三振が減りやすい要因としては左打席の方がコンタクトしやすく、かつ積極的にスイングする傾向にあるため。

③ wOBA（加重出塁率）は左打席の方が右打席より高くなる傾向にある。

④打球については、右打席のほうが左打席より長打性の打球を打ちやすく、速度と角度から推定した打球の価値（xwOBAcon）も高くなりやすい。

⑤打球速度についてのみいえば左打席は右打席より Hard Hit した打球を打ちやすい。ただし、右打席の方がフライ打球を打ち上げやすく、これが長打性の打球の多さにつながったと思われる。

3)　フライ打球の定義は MLB 公式に従い 25 度以上 50 度未満とした。
　　Launch Angle (LA)
　　https://www.mlb.com/glossary/statcast/launch-angle

大谷翔平選手の肘障害についての情報と医療からみた分析

医療法人野球医学ベースボール＆スポーツクリニック

馬見塚 尚孝

（まみづか・なおたか）

1．はじめに

　2023年の大谷翔平選手は、3月のWBC日本代表優勝の際にMVPに選ばれるとともに、MLBにおいてもエンジェルスでの活躍やオールスター出場など、余人のいない"二刀流選手"としてトップレベルの活躍を示した。特に打者では、日本人で初めてアメリカンリーグのホームラン王のタイトルを獲得するなど、素晴らしい成績を残した1年だった。

　一方、9月3日のアスレティックス戦で以前手術を受けた右肘の痛みを訴え、以降の試合は投手として出場することがなくDHのみの試合出場となった。その後は腹斜筋損傷も合併したためDHでの試合出場も困難となり、結果的にシーズン後半に再び右肘の手術を受けるなど、野球医学的には大きな課題が残った1年でもあった。

　本稿では、野球医学の専門家として野球障害の診断や治療を専門的に行ってきたとともに、大学野球部のコーチングスタッフとして15年以上の経験を持ち、さらにNHKワースポ×MLBの解説者をはじめとしてメディア関係の情報を得てきた"三刀流"の立場から、大谷選手の2023年を解説することを試みる。

2．2023年の大谷翔平選手　ースイーパーと投球動作ー

　大谷選手の2023年における変化として最も注目されたのは、「スイーパー」

と呼ばれる新しい球種を多投したことである。スイーパーとはスライダーの一種で、横曲がりが大きく、沈まず、ある程度球速のあるものをいう。

アメリカのトレーニング施設・ドライブラインのアナリストであるクリス・ランギン氏、ランス・ブロズドウスキ氏の話を合わせると、スイーパーは128km/h 以上の球速で、少なくとも 25cm 以上横に曲がり、縦の下方への変化が 10cm 未満のボールと定義される。あまり沈まないで横に大きく曲がる「横スライダー」といえる。

アダム・オッタビーノ選手やダルビッシュ有選手のような投手は長年にわたってスイープスライダーを投げてきたが、スイーパーは 2021 年末から 2022 年初めにかけて独自の球種として初めて流行し、ドジャースやヤンキースのようなチームやリーグ中の他の投手によって普及した。そして「スイーパー」という名前がますます使われるようになった。Statcast（スタットキャスト）は 2023 年に新しい球種分類として追加した[1]。

この大谷選手のスイーパーを流体力学の視点で研究したのが東京工業大学の青木教授のグループである。青木教授らは、球速 136.8km/h、回転数 2590rpm、回転効率（回転軸がバッター側に傾く角度）53°でスイーパーの変化量をシミュレーションすると、メジャーリーグの Statcast で公開されている大谷選手のスイーパーの縦・横変化量の分布と一致することを証明した。

すなわち、大谷選手の投げていたスイーパーは、横の変化量が平均 40cm であるとともに縦のホップ方向の変化量が平均 20cm 程度ある「ホップする」スライダーのようなものであることを意味し、そのメカニズムとしてはボールの回転軸が捕手方向に 50°程度傾いて回転する際にボールの縫い目が影響して乱流が生じボールが浮き上がる力が発生することを紹介している[2]。

これを近年注目されている VAA（Vertical Approach Angle）というパラメータから分析したのはアメリカ在住のスポーツライターの丹羽政善氏である。VAA は投手の投げたボールがどんな角度でホームベース付近に落ちてきているのかを示す数値で、軌道が仮に地面に対して完全に平行であれば、VAA の値はゼロ。しかし、投手は 10 インチ（25.4cm）の高さから投げ下ろすので、基本的に角度はマイナスになる。VAA が小さいと打者に対して有利という報告があり、近年 VAA を小さくする取り組みがなされている。丹羽氏

1) https://www.mlb.com/glossary/pitch-types/sweeper
2) 東京工業大学青木研究室ホームページより
http://www.sim.gsic.titech.ac.jp/Japanese/Topics/230526.html

は大谷選手のスイーパーの被打率が小さい理由に注目し、理由として大きな横変化量であるだけでなく、VAA が約 7 °と水平に近い（縦変化量が大きい）ボールの軌跡となっていることがあるのではないかと仮説を提唱した[3]。一方、2023 年の大谷選手の投球時の動画を見ていると、球種を取り入れるために投球動作を変更したのではないか？ と推察した。投球動作は投球障害リスクのペンタゴンに表せられるように、 5 つある投球障害リスクの要素のひとつである。スイーパーを取り入れるために投球動作を変更したとすると、夏に生じた肘の痛みと関係があるのかもしれない。

　一般に、投球動作という技術力のコーチング学的評価法としては、「動作分析」と「発生分析」という方法がある。動作分析はモーションキャプチャーなどの機器をもちいて定量化する方法で、結果として生じた動作の評価法として信頼性が高い。発生分析はプレーヤーがどんな感覚で動いているのかを主観的に推定する方法で、観察（目で見て身体で感じ取る）、交信（聞き出して身体で感じ取る）、代行（プレーヤーの動感を観察者の動感として感じ取る）という分析法がある。大谷選手の投球動作についてモーションキャプチャーなどの動作分析の手法を用いた解析結果は明らかになっていないため、発生分析の観察と代行という動画を用いて可能な投球技術力の評価を試みる。

　大谷選手の投球動作を観察すると、いくつかの動作変更が行われていると考えた。 1 つ目は、アーリーコッキングフェーズの終わりはステップ足（左足）が地面に設置するタイミングであるが、このとき投球腕（右上肢）はいわゆる「内旋テイクバック」タイプの投球動作を示した。この内旋テイクバックは拙書『野球医学の教科書』[4] や『デルタ・ベースボール・リポート 6』[5] で紹介したように、踏み出し足が地面に設置したタイミングで肩関節が内旋位を示しているタイプの投球動作であり、投球障害リスクが大きくなる投球動作と推察している。

　2 つ目は、以前に比べて三塁ベース方向に踏み出し足を接地させるいわゆる "インステップ" の動作を選択していた点。 3 つ目はボールリリース時の投球腕の一三塁方向に傾斜が小さくなっている点である。この 3 つの動作変更を発生分析の代行の手法で考えてみると、インステップにより打者から観

3) 「大谷翔平の代名詞となった魔球『スイーパー』を深掘り」
https://www.nikkei.com/article/DGXZQODH230GR0T20C23A4000000/
4) 馬見塚尚孝『「野球医学」の教科書《The Baseball Medicine》』（ベースボール・マガジン社 2019）
5) 馬見塚尚孝・豊田太郎「投球障害リスクのペンタゴンとスポーツテックへの期待」岡田友輔他『デルタ・ベースボール・リポート 6』（水曜社 2023）

たスイーパーの水平方向の変化量を大きくするとともに、リリース時の縦方向の変化量である VAA を小さくでき、より効果的な変化球とすることを目的としていると推察した。このような 2023 年の大谷選手の投球動作変更は、ハイリスクハイリターンな変更であったと考えられる。

3．大谷翔平選手のコンディション

　大谷選手の 2023 年の活躍の裏に、コンディショニングの悪さを露呈した 1 年であったと考えられる。2023 年 7 月 27 日（日本時間 28 日）、ロサンゼルス・エンジェルスは敵地でデトロイト・タイガースとのダブルヘッダーに臨んだ。第 1 試合で先発登板すると、9 回を投げ切って自身メジャー初となる完封＆完投で今季 9 勝目を挙げた。さらに 1 時間後の第 2 試合では、2 回の第 2 打席で相手右腕マニングの速球をレフトスタンドへ叩き込むと、続く第 3 打席でも同じくマニングのフォーシームをセンターフェンス越えの 37 号 2 ラン＆ 38 号ソロを打った。

　しかし 38 号を打った直後、一塁ベースを回ったところで少し左の脇腹を気にする素振りをみせ、直後に代打を送られて交代となった。8 月 23 日（日本時間 24 日）、エンゼルスタジアムでのシンシナティ・レッズ戦のダブルヘッダー第 1 試合には「2 番投手兼 DH」で出場し、今季最短の 1 回 1/3、わずか 26 球で交代した。

4．肘の痛みの原因はなんだったのか？

　大谷選手は右肘の痛みのため出場を回避したが、この理由についてはあまり明確になっていない。いくつかの情報をもとに、彼の状態について推定を試みる。

　大谷選手の状態について、代理人のネズ・バレロ氏のステートメント（声明文）が最も明確に出された情報である。

"The final decision and type of procedure was made with a heavy emphasis on the big picture," Balelo said. "Shohei wanted to make sure the direction taken gave him every opportunity to hit and pitch for many years to come." "The ultimate plan after deliberation with Shohei, was to repair the issue at hand and to reinforce the healthy ligament in place while adding viable tissue for the longevity of the elbow," ElAttrache said in a statement released by the Angels. "I expect full recovery and he'll be ready to hit without any restrictions come opening day of 2024 and do both (hit and pitch) come 2025."

最終的な判断と術式は、今後を見据えて決めたものです。翔平は、この先何年にもわたって二刀流を続けることを希望しました。手術を担当したニール・エルアトラッシュ医師はこう言っています。『翔平と協議を重ねて決めた最終的なプランは、肘を今後も長く使うために患部を修復し、生体組織を加えて健康なじん帯を強化するというものです。私は完全な回復を期待しています。2024年の開幕には制限なく打てる状態になり、来たる2025年の開幕には二刀流として復帰できると思っています』

　この文章をみると、臨床医として働くものとしていくつかの疑問が残る。第一の疑問は、"The final decision and type of procedure was made with a heavy emphasis on the big picture," Balelo said. という一文にあるように、今回手術を受けたことやその術式は「with a heavy emphasis on the big picture（全体像を重視して）」決めたと書かれていることである。このように短い声明の中に、臨床医としては当たり前に考えるべき「全体像を重視して術式や手術をするかどうか決めた」と強調している。これは何を意味するのか？ と考えてみると、臨床医として通常は行わない判断をしたのではないか？ と推察できる。

　また、"Shohei wanted to make sure the direction taken gave him every opportunity to hit and pitch for many years to come." と翔平が「長きに亘って投球と打撃をすることを望んだ」と書いていることが挙げられる。このような短いステートメントの中に、臨床医が治療方針を判断するときに「これまた当然」と考えられる「for many years to come（長きに亘って）」という言葉を敢えて選択していることは、裏を返せば「短期的な判断ではあまり選ばれない治療法を選んだ」と見て取れる。すなわち、短期的な判断では今回のような手術を選んでいない可能性があるということを示している。

　さらに、"The ultimate plan after deliberation with Shohei, was to repair the issue at hand and to reinforce the healthy ligament in place while adding viable tissue for the longevity of the elbow," と書かれているように、今回の手術法はトミー・ジョン手術を行ったときに書かれる再建「reconstruction」という言葉ではなく局所で傷んだ靭帯を縫合したときに使われる修復「repair」という言葉が用いられていることも、臨床医としては違和感満載である。術後の動画などで左前腕に長掌筋腱を採取したと考えられる創傷があることや、ステートメントに「adding viable tissue」と書かれているように生体の組織を移植したことが予測されることから、「腱を移植する（reconstruction）」という単語を用いるのが臨床医として常識的だが、敢えて「修復＝縫合する」repair という言葉を用いていることに大きな疑問が残る。そして、「健康な靭帯を補強するために（to reinforce the healthy ligament）」という言葉も、healthy ligament ≠ injured だからそもそも靭帯は大きく損傷していないと示している。このような分析を総合すると、「靭帯はそれほど傷んでいなかったが、大谷選手とドクターの相談で二刀流として長きに亘って活躍するために今のうちの補強手術を行った」と推定できる。

　さて、野球医学の世界では、このような投球時の肘痛を訴える選手にしばしば「胸郭出口症候群」という疾患が認められる。この胸郭出口症候群は、主に投球動作時の肩関節挙上と外旋によって鎖骨と肋骨の間のスペースが狭くなり、この間を通っている鎖骨下動脈、鎖骨下静脈、腕神経叢に力学的ストレスが作用して血流不全や神経障害が生じて症状が出る疾患である。

　臨床医を悩ませることに、投球動作に類似した肢位をとる Roos test を行うと、手のしびれなどとともに肘の内側を痛がることが多く、投球肘障害によく似た症状を呈する。野球選手の肘痛＝肘の障害と考えられることが多く、整形外科医でもしばしば見逃される疾患でもある。この胸郭出口症候群の手術を執刀するのは日本では整形外科医が多いため、野球選手の肘痛の鑑別診断として考慮されることが多いが、アメリカでは主にスポーツ選手のプライマリーケアを行わない胸部外科医が手術をすることが多く、日本に比べて胸郭出口症候群への注目が少ないと推察する。大谷選手のようにレジスタンストレーニングを多く行うことによって胸郭出口症候群発症のリスクが高まることもあり、今回の肘痛の原因として考慮しなければならないと考えている。

5．おわりに

　大谷翔平選手の 2023 年について、コーチング学の視点と野球医学の視点で考察してみた。彼の今後の活躍を期待しつつ、本稿を終える。

勝率推定式を読み解く

蛭川 皓平
（ひるかわ・こうへい）

　セイバーメトリクスの分析を行う上で得点・失点を勝利に換算する勝率推定式の存在は欠かすことができない。勝率推定式には Bill James のピタゴラス勝率や Pete Palmer の Runs Per Win など数多くのものが存在する。これらはどのような意義を持つのだろうか。

1．勝率推定式とは

　野球の試合の目的は勝利である。しかし、選手の働きを直接的に勝利への影響で測定するのは必ずしも容易ではない。そこで現在のセイバーメトリクスにおいてはまず選手のプレーを得点の単位で評価し、それを勝利の単位に変換することが一般的である。この変換の過程で必要となるのが勝率推定式（Win Estimators、Run-Win Convertor）である。

　勝率推定式は、得点と失点を与えるとそこから統計的に妥当な勝率の推定値を算出してくれる計算式である。最も有名な勝率推定式は Bill James によるピタゴラス勝率だろう。また Pete Palmer による RPW（Runs Per Win）も同様に有名で、RPW 自体は直接に勝率を求めるわけではなく勝利をひとつ増やすのに必要な得点数を求める式だが、得失点差を RPW で割って計算していけば結局は勝率の推定値が算出できる。

　得点数を勝利数に変換してはじめて最終的な影響度がわかるから、勝率推定式は戦術や選手を試合の目的に即して評価することにおいて本質的な役割を果たしているといえる。ここではピタゴラス勝率であれ RPW であれ得点数を勝利数に換算する機能がある式を広く勝率推定式と呼ぶことにするが、勝率推定式にはその他にも多くの種類のものが存在する。これらはどのような関係にあり、どのような存在意義があるのだろうか。本稿では勝率推定式について研究史的に概観し、それらの性質と意義を整理することを試みる。

2．初期の勝率推定式

まずは Pete Palmer の「Runs and Wins」という論文に依拠してセイバーメトリクスの初期に開発された勝率推定式を見ていく。「Runs and Wins」は1982 年の The National Pastime: Premiere Edition に掲載された論文であり、簡潔な内容ではあるが勝率の推定について早い時期にまとめておりセイバーメトリクス史上の重要論文と位置付けられている[1]。

Palmer は野球の統計分析において打撃パフォーマンスの分析等が注目されるのに対して得点・失点が勝利・敗北とどのような関係にあるかについては重要でありながらあまり研究がなされていないと前置きした上で、これまでに開発された勝率の推定手法を紹介して精度を比較している。

Palmer によれば公表されている最初の試みは Earnshaw Cook が 1964年に著作 Percentage Baseball に記したものである。Cook は 1950 年から1960 年の MLB のデータを分析し、勝率は得点と失点の比に .484 を乗じたものに等しくなるとした。

【Cook】
勝率＝ .484 ×得点÷失点

また Arnold Soolman は未刊行論文において 1901 年から 1970 年のデータで検証を行い、次の推定式を開発している。

【Soolman】
勝率＝ .102 ×平均得点－ .103 ×平均失点＋ .505

そして Bill James が Baseball Abstract において発表したいわゆるピタゴラス勝率がある。

【James-2】
勝率＝得点^2÷（得点^2＋失点^2）

1)　現在は SABR のウェブサイトで閲覧することができる。
https://sabr.org/journal/article/runs-and-wins/

最後に Palmer 自身の RPW である。Palmer は研究の結果おおまかな法則として追加的な 10 点が追加的な 1 勝を生むことを見出し、これは Soolman の式と基本的に同じであるものの「しかしながら、チームをグループ分けしてみると、得失点の多いチームは 1 勝を生み出すのにより多くの得点を必要としていた」とし、そのような要素に対応できるようイニングあたりの両チームの得点及び失点の平方根の 10 倍を RPW とする手法を提唱している。

【Palmer-RPW】
RPW = 10 ×√（イニングあたりの平均得点＋平均失点）

例えば 1 試合の平均得点が 4.5 点の一般的な環境であれば、1 イニングの平均得点は 0.5 点、両チームで記録されるのは 1 点である。1 の平方根は 1、その 10 倍は 10 だから RPW は 10、というように計算する。RPW は通常は 9 から 11 の間におさまるとされている。Palmer は明記していないが当然チームの平均得点から平均失点を引いて RPW で割り .500 を足せば勝率の推定値が求められ、試合数を乗じれば勝利数の推定値が求められる。

また得点が多い環境では 1 勝により多くの得点が必要であることにつき、James はピタゴラス勝率の指数を調整することで対応していると紹介されている。指数を 2 ではなく「2 から、平均得点と平均失点を足して 3 を引いたもので 1 を割った値を引いた値にする」のである。文で書くとわかりづらいが平均得点 4.5 の環境を想定するなら指数は 1.83 が適切となる。

【James-1.83】
勝率＝得点 $^{1.83}$ ÷（得点 $^{1.83}$ ＋失点 $^{1.83}$）

Palmer はこれらの式について 1900 年から 1981 年のデータをもとに勝利数推定の精度を検証し、自身の手法と James の手法（平均得点を考慮する形で改定されたもの）はチームあたり 2.75 勝の平均的な誤差という同等の働きをするとしている。Soolman の手法では誤差は 4% 大きくなり、Cook の手法では 20% 大きくなる。

「Runs and Wins」は後から見れば基本的な勝率推定式を列挙してデータとのあてはまりを検証しただけのものだが、なにをどう議論すべきかがまとまっていない黎明期にこうした整理を行うのは大変であろうことが想像され、研究としての価値は高い。

3. 初期の推定式の解釈

(1) 分類と研究史的意義

上記4つの勝率推定式はざっくりと系統を分類していくと相互関係を整理しやすい。大きくは得点と失点の「比」に注目するか「差」に注目するかで分けられる。

比に注目するのが Cook と James で、そのうち勝率が得点と失点の比に従うと捉えているのが Cook、勝利と敗北の比が得点と失点の比の累乗に比例すると捉えているのが James である。Cook の手法は精度が芳しくない。

差で計算するのが Soolman と Palmer で、そのうち得点環境の変化を考慮しないのが Soolman、考慮するのが Palmer である。後者の方が拡張されたモデルであり推定の精度が優れているが、結果にさほど大きな差があるわけではない。

比と差はどちらから計算しても最終的には同等の精度を得られるが、累乗を考慮する、得点環境を考慮するなどの調整は精度を改善するということになる。

研究の歴史的な意義としていうと「Runs and Wins」の時点で James と Palmer が両方のアプローチから高い精度の推定を実現しており、勝率推定式がかなりの程度完成されていた点は重要だったと思われる。もちろん改善の余地があるか否かは改善を試みてはじめてわかることではあるが、その「たたき台」が提示されていたために後続の研究者の作業はかなり効率化されたと考えられる。あるいは勝率推定式の研究は不要であると考え、他の分野の研究に集中することができたケースもあったと想像される。

（2）ピタゴラス勝率

　式の形がピタゴラスの定理を想起させることから「野球版ピタゴラスの定理」とも呼ばれている James のピタゴラス勝率だが、何故そのような形の式で勝率を妥当に推定できるのか一見しただけでは不明である。James 自身は経験的に発見したようだが、ここでは式の内容を読み解いてみたい。

　与えられている課題は得点と失点だけを情報として勝率を見積もることである。思いつく状況に対してピタゴラス勝率がどのように挙動するかを分析してみると、次の通り妥当な性質を備えていることがわかる。

---

①得点が 1 以上であり、失点が 0 である場合には、勝率は 100% となる。100% を超えることはない。

②失点が 1 以上であり、得点が 0 である場合には、勝率は 0% となる。0% を下回って負の値をとることはない。

③得点と失点が等しい場合には、勝率は 50% となる。

④得点が失点より多くなるにつれて、勝率は 50% より高くなっていく。逆もまた然りである。

　いずれもごく当たり前のことを言っているようではあるが、あくまでも得点の合計値と失点の合計値だけしか情報がないとすれば上記の条件を満たすように勝率を予測するのは論理的に妥当である。そしてピタゴラス勝率はこれを満たすようになっている。こうした式の美しさからか、ピタゴラス勝率は広く使われ続けている。

　もっともこの条件を満たすだけなら得点と失点を 2 乗せずに単純な割合をもって推定値としても同じである。肝となるのは④の得点が失点を上回るほど勝率が高くなるというその「度合い」をどう見積もるかである。この点、ピタゴラス勝率は指数計算を使うことによって例えば得点と失点の比が 1.2 のときに勝利と敗北の比は 1.2 よりも大きくなるとしている。得点・失点は勝利・

敗北に弾力的に跳ね返るのである。

　現実においてこの「跳ね返り度合い」が何によって決まるのかを考えていく
と、得点と失点のばらつき方によって決まるということになる。例えば平均得
点が 5、平均失点が 4 で比率では 1.25 倍であっても、得点と失点のばらつ
きが少なく毎試合同じような結果になるならいつも 5 対 4 で勝つから勝率は
100% に近くなるはずである。実際のプロ野球ではそのようにはならず得点と
失点には試合ごとに大きなばらつきがあるから、平均値では勝てる見込みで
もその日の得点と失点の巡り合わせによって勝ったり負けたりを繰り返すこと
になる。結局、勝利は敗北の 1.5 倍程度、勝率 61% 程度と見積もるのが妥
当だということになる。

　このばらつき（及びそれによる跳ね返り度合い）は、偶然の影響を含めて競
技の内容によって異なる経験的な問題であり、野球のルールや仕組みから論
理的に演繹できるものではない。すなわちピタゴラス勝率の指数は経験的に、
データにもとづいて決めるしかない。実際ピタゴラス勝率は野球に限らず他
のスポーツでも適用されているが使用する指数はスポーツによって大きく異
なる。これはスポーツによってどの程度実力が反映されるかが異なるためだ
ろう。野球においてはたまたま 2 乗というピタゴラスの定理に似た結果になっ
たにすぎないという解釈になる。

　また式の分析から言えることとして、ピタゴラス勝率は比で考えるため絶対
的な得点が多いほど得点がひとつ増えることによる勝率への追加的な影響が
小さくなるようになっている。これは経験則に合致する。6-7 などのハイスコ
アが当たり前のリーグと 3-4 などのロースコアが多いリーグとでは 1 点が勝
敗に与える影響は後者の方が大きいはずだからである。

　ただし、比が等しければ必ず同じ勝率推定値となる点は経験則に反する。
極端に言えば平均得点 2・平均失点 1 のチームはある程度頻繁に負けること
が想定されるが平均得点 20・平均失点 10 のチームはよほど点数のばらつ
きが大きいのでなければほとんどの試合で勝つと予想されるからである。も
ちろん James は指数の調整によりこの問題に対応しようとしているがどの程
度対応できているかの問題は残り、後述の通り後の研究者がこの点に挑むこ
ととなる。

勝率推定式を読み解く

（3） RPW

　次に Palmer の RPW についてだが、簡単に用語法を整理しておくと RPW 自体は「勝利をひとつ増やすのに必要な得点数」を表す一般用語で、それを求める方法はいくつも提唱されている。RPW は単に 10 点であるとするのもひとつの捉え方だし、Palmer が提案するイニングあたり得点の平方根を使うのもひとつの方法で、RPW とだけ言って Palmer 方式の計算を指す場合もある。また勝率推定式の議論においては 1 試合あたりで両チームが記録する平均的な得点数を RPG（Runs Per Game）と呼び、得点が多い環境かそうでないかの指標として用いることが多い。術語として便利であるため以下でも RPG を「（得点＋失点）÷試合」の意味で用いる。

　Palmer の分析結果によって示される有益な事実は RPW が歴史的におおむね 9 〜 11 の範囲におさまること、すなわち基本的な法則としては「10 点で 1 勝」と考えていいことである。これは例えば打撃で 20 点の利得を生み出す選手が勝利をどれだけ増やしているか考えるとき、累乗を用いなければならないピタゴラス勝率で考えるより圧倒的にわかりやすい。またそれは大きく外れることはないからおおむね確かな法則として実用的である。

　「10 点で 1 勝」の法則について NPB の実際のデータから確認してみたい。

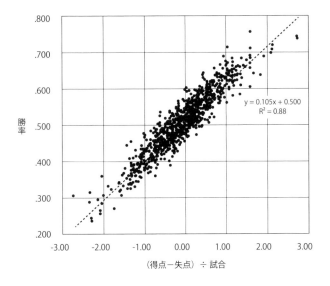

図1　1950-2023年NPB得失点差と勝率の相関関係
※2020年を除く（n=891）

　図1は横軸に試合あたりの得失点差、縦軸に勝率を設定した散布図で、サンプルは1950年から2023年までのNPB全チーム（ただし新型コロナウイルスの影響を受けて試合数の少なかった2020年を除く、延べ891チーム）のシーズン成績である。

　データははっきりと右肩上がりに分布しており、これは試合あたりの得失点差が小さいチームは勝率が低く、試合あたりの得失点差が大きいチームは勝率が高い傾向が強いことを意味する。相関関係の強さを表す決定係数は.88であり、勝率の高低のおよそ9割は得失点差によって説明できることとなる。

　そしてこの傾向を利用し回帰分析により両者の関係を式に表すと「勝率＝0.105×試合あたり得失点差＋0.5」という近似式が得られる。ここでのRPWは0.105の逆数9.52であり、「10点で1勝」がおおむねあてはまることが確認できる。Soolmanの式はほぼこのような計算と等しいといっていいだろう。もっともSoolmanは得点と失点を分けて扱っており、失点の方がわずかに勝

121

率への影響が大きいというのは示唆的ではあるが、実践的な差異はほとんど
ない。

　ではより具体的に「10点で1勝」とはどういうことなのだろうか。ひとつの
試合を想定する限りでは、勝利を確実にするのに10もの点数は不要にも思
える。

　これについてはあるチームのペナントレース中、ランダムに得点を足すこと
を想像すると理解しやすい[2]。5対1で勝っている試合に1点を足しても2
対4で負けている試合に1点を足しても勝敗は変わらないが、4対4で競っ
ている試合に1点を足せば勝利が増える。10点で1勝だから、1点を足
す場合にはそれで勝敗が変わるのは10試合に1試合程度ということになる。
2点を足して変わるのは5試合に1試合、3点を足して変わるのは3～4
試合に1試合……10点を足せばまず間違いなくその試合は勝てる、といっ
た具合である。このようにイメージすると抽象的・統計的な対応関係とだけ
捉えるよりも実感が持ちやすくなる。RPWはシーズンを通じて10点の増加
が勝利を1つ増やす傾向にあるということであって、必ずしも1試合単位で
考えるものではない。

　RPWによって変換する対象である打者のwRAAなどもシーズンを通じて
それだけ得点の見込みを増やしたことを評価する数字であって特定の試合で
実際に何点増やしたというものではないから、これを勝利に変換するための
RPWが上記の性質であることは馴染みやすいといえるだろう。

　さらにこの点についてTom Tangoが面白い計算を紹介している[3]ため、少
し地道な算数になるがアレンジして紹介してみたい（本質は上記の文章と同じ
である）。

2）　http://blog.philbirnbaum.com/2012/04/why-10-runs-equals-1-win.html
3）　http://tangotiger.com/index.php/site/article/corewar-runs-per-win

表1　計算例で前提とする得点の分布

得点	確率
0	6.3%
1	11.5%
2	13.7%
3	14.1%
4	12.7%
5	10.9%
6	8.3%
7	6.6%
8	4.9%
9	3.2%
10	2.7%
11	1.8%
12	1.3%
13	0.7%
14	0.5%
15	1.0%

　平均得点 4.43 のチームが行う試合で得点・失点の分布は表1のようになるとする（15点以上は一括りにされている）。このときチームの失点を1減らすと勝敗の確率にどのような影響があるかを考える。

　1点で勝敗が変わるのは①9回終了時点で引き分けの試合（ここでは最終的な引き分けはないと考える）と②1点差で負ける試合である。それ以外の元々勝っている試合や2点差以上での負けの試合は失点が1減っても勝敗に影響はない。

　①9回終了時点で引き分けになる確率は両方のチームがそれぞれ同じ得点になる確率の総和だから、0対0になるのは 6.3% × 6.3%、1対1になるのは 11.5% × 11.5%…と掛け算して足し合わせていけば求められる。すると、この得点分布において全体の試合のうち 10% は9回終了時点で引き分けになることがわかる。延長戦のうち半分は勝っていただろうものが、失点

が1減ることにより確実な勝利に変わるから、元々9回終了時点で引き分けだった試合についての勝利期待値の増加は発生確率10%に引き分け時に得られる勝率の上昇50%を掛けた0.05である。

　②1点差で負ける試合についても0対1の確率が6.3% × 11.5%、1対2の確率が11.5% × 13.7%…と計算していけば全体の試合のうち9.5%が1点差負けになると計算できる。失点が1減ると1点差負けの試合から9回終了時点引き分けの試合へと変わり、そして延長に突入した結果56.4%は勝つだろうから(56.4%は4.43 ÷ (4.43 ＋ 3.43)で計算されている)、元々1点差で負ける試合だったものについての勝利期待値増加は発生確率9.5%にその場合の勝利確率56.4%を掛けた0.0536である。

　最終的に、平均得点4.43のチームが失点を1減らすことによって得る追加的な勝利は①9回終了時点引き分けだった場合の0.05と②1点差負けだった場合の0.0536を足した0.1036となる。ここでのRPWは1を0.1036で割った9.65である。このような試算からもやはり「10点で1勝」が確認できる。

　以上「10点で1勝」の基本を確認した上で、応用としての得点環境の変化についてはどうだろうか。Palmerは「グループ分けしてみると、得失点の多いチームは1勝を生み出すのにより多くの得点を必要としていた」と述べているのみで、平方根を関数として使っている背景などは説明していない。

　NPBのデータでPalmerが言う通りのことが起こるのか確認してみる。前述のように実際のデータから回帰分析でRPWを算出する作業をRPGでグループ分けしたチームの集合に対して行っていき、そのグループのRPGとRPWの関係を図示した。

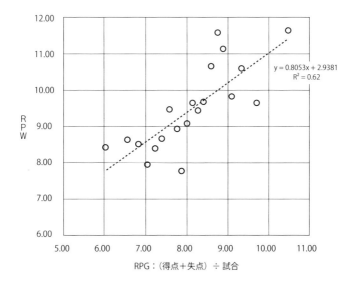

図2　得点環境と RPW

　図2は1950年から2023年までのチーム成績（2020年を除く）について、RPGの高い順に20のグループに分けてRPWを算出し、グループの平均的なRPGとの対応関係を示したものである。

　NPBのデータでも得点と失点が多い環境では試合を決めるのにより多くの得点を必要とすることがわかる。RPGとRPWとはおおむね一次関数的な関係にあるように見えるが、Palmerの観察した範囲ではRPGの増加に対するRPWの増加は逓減していくような形になっていたのかもしれない。

　当然ながらこうして得られた式の意味は経験則に照らして妥当である。平均得点5.5・平均失点5.0のチームと平均得点3.5・平均失点3.0では、得失点差は同じでも後者の方が1点の重要度が高い環境にあるため勝率が高いと見込まれ、RPWはこれを表現できる。

　ただし「（平均得点－平均失点）÷ RPW ＋ .500」で勝率を推定する方式は、ピタゴラス勝率のように割合を使う方法とは異なり、得失点差が極端に大きい場合には1.000を超える値や.000を下回る負の値を返すこともある。現

実的には問題とならないような極端なケースの話だが理論モデルとしては望ましくない点といえる。実際の分析においては、チームの勝率を推定する場面ではピタゴラス勝率、選手の評価値を得点数から勝利数に変換するような場面では RPW、と使い分けられてきた印象がある。

4．後発の勝率推定式

（1）初期の業績を土台にした発展

James と Palmer が初期に示した方向性は正しく、研究史的にはおおむね得失点比方式と得失点差方式が併存しながらも得点の絶対的な多さを加味して調整するのが妥当だという見方が続いている。その後の議論は初期の研究を踏まえた上でピタゴラス勝率の指数をどのように調整するか、RPG に対応する適切な RPW をどのように求めるか、という細部に焦点を当てている。

例えば David Sadowski はピタゴラス勝率の指数を RPG ÷ 4.6 で求めるシンプルな方式を提案しているし、Clay Davenport と Keith Woolner による Pythagenport や Patriot と David Smyth による Pythagenpat というより複雑な計算式もある。RPW については単純に RPW ＝ RPG とする議論もあれば、FanGraphs が WAR の計算に採用している Tom Tango の計算式もある。それぞれについて概観していきたい。

（2）Pythagenport

Baseball Prospectus の Clay Davenport と Keith Woolner がピタゴラス勝率の改良版として開発したのが Pythagenport と呼ばれる式である[4]。この研究は内容が精緻できちんとした形で発表されたこともあり分析界ではよく知られている。

【Pythagenport】

$x = 1.50 \times \log(RPG) + 0.45$

勝率＝得点^{x} ÷（得点^{x} ＋失点^{x}）

4） https://www.baseballprospectus.com/news/article/342/revisiting-the-pythagorean-theorem-putting-bill-james-pythagorean-theorem-to-the-test/

　Clay Davenport はまずピタゴラス勝率の精度を検証した。過去のデータで計算してみると指数が 2 のピタゴラス勝率でチームの勝利数を予測したときには推定値と実績の標準的なばらつき（二乗平均平方根誤差）が 4.126、最適な指数を探って 1.87 にすると 4.039 になるが Palmer の RPW で予測する場合には 4.038 と若干ながら Palmer 方式が上回る。そして Palmer 方式が良い結果を出す理由は得点環境というピタゴラス勝率が考慮しない情報を利用するためであるとし、ピタゴラス勝率の指数を RPG に応じて調整する方法を検討している。

　Davenport が行なったのは実際の勝敗・得失点の結果から「あるべき指数（ピタゴラス勝率に得点・失点を代入したときに推定値と実際の勝率が等しくなる指数）」を逆算し、チームを RPG の高さでグループ分けしたときに RPG と「あるべき指数」の関係がどうなっているかを調べるという手法である。Davenport は実際のデータとシミュレーションによるデータの両面からこれを確認し、やはり RPG が大きくなるほど「あるべき指数」も大きくなることがわかった。最終的に RPG と「あるべき指数 x」の間には「x = 1.50 × log(RPG) ＋ 0.45」の関係があると結論付けており、これが式になっている。なお log は常用対数である。

　このように構築された改善版ピタゴラス勝率（Pythagenport）で予測すると二乗平均平方根誤差は 3.9911 であり、Palmer の RPW より高い精度となる。実践的な影響は小さいが選手を精密に評価しようとするときには違いを生むとしている。

　以上の Davenport の研究はとても科学的できちんとしている印象だし、実際に有用な改善を提示している点でも価値が高い。何よりピタゴラス勝率の指数という細かい部分についてこうした検討が成り立つことを整理された形で示していることに研究史的な意義があるといえるだろう。

（3）Pythagenpat

　Pythagenport よりさらに後発なのが Patriot と David Smyth によって開発された Pythagenpat である[5]。現在のところセイバーメトリクスにおいてきちんと勝率を推定することを考えるときに使われるのは主にこの Pythagenpat

5)　https://gosu02.tripod.com/id69.html

であり、最も有力な勝率推定式である。

【Pythagenpat】

$x = RPG^{0.28}$

※**最適な指数は分析によるが MLB では 0.28 〜 0.29 あたりとされる**

勝率＝得点 ^{x} ÷（得点 ^{x} ＋失点 ^{x}）

　式の組成としては Pythagenpat も Pythagenport と同様にピタゴラス勝率の指数の部分をいかに得点環境に合わせて適切に計算するかという点に着目して構築されている。指数計算の改良は Patriot が言うところの「一度聞いてしまえばあまりにも明らかだが Smyth 氏を除いて誰一人自力で思いつくことができなかった」重要な発見にもとづいている。

　その重要な発見とは「RPG の最小は 1 であり、そのときピタゴラス勝率式の指数は 1 でなければならない」というものである。

　一見何が言いたいのかよくわからないが、たしかに MLB においてはどちらかのチームが得点しない限り試合が終わらないから、RPG の下限は 1 である。そしてもしあるチームが 162 試合を RPG1 で戦った場合、得点した試合は必ず勝ち、失点した試合は必ず負ける。このとき得点したことと勝利したこと、失点したことと敗北したことは等しい意味になる。したがって RPG1 のときに「勝利÷（勝利＋敗北）＝得点 ^{x} ÷（得点 ^{x} ＋失点 ^{x}）」を正しく成立させるためには指数 x が 1 でなければならない。この発見はピタゴラス勝率式の指数の下限を理論的に定めるという意味で重要なのである。これにより理想の勝率推定式（ピタゴラス方式）は、RPG1 のときに指数 1 となり、その他現実的な RPG でも妥当な結果を返すものでなければならない、ということがわかる。

　例えば RPG1 のチームが 100 得点 62 失点のとき、勝敗は 100 勝 62 敗（勝率 .617）となる。RPG ÷ 4.6 で指数を求める David Sadowski の式では RPG1 で指数が 0.22 となり、勝率 .526 と推定される。Pythagenport では指数は 0.45、勝率推定値は .554 となる。これらはいずれも正しくないことが上記の論理によって指摘できる。Pythagenpat の指数は RPG の累乗だから RPG が 1 のときは常に 1 であり、求められる条件を満たしている。また

様々な RPG を代入して計算してみるとわかるが、RPG が高い環境において
は Pythagenport とほぼ等しい結果を返し、低い RPG 以外にも対応できてい
る。現実的な範囲で結果が顕著に異なるということはなく MLB において実際
のチーム成績を予測する精度は Pythagenport と Pythagenpat で同等という
ところである[6]。

　当然ながらピタゴラス方式を基礎としているため勝率は必ず 0% から 100%
の範囲で計算されるし、理論的な破綻がない上に実践的な精度も高いという
非常に魅力的なモデルである。

（4）Tom Tango の RPW

　FanGraphs は総合評価指標 WAR の計算において Tom Tango が提唱した
RPW を用いている[7]。

【Tango-RPW】
RPW ＝ 9 ×（リーグの得点数÷リーグのイニング数）× 1.5 ＋ 3
　　　＝ 0.75 × RPG ＋ 3

　これまでも議論した通り、例えば打者の wRAA を勝利数に変換するだけな
らわざわざピタゴラス勝率を計算するより RPW で割り算した方が早い。この
ためいかに Pythagenpat が理論的に優れているといっても有効な RPW 式が
存在する実用的な意味は大きい。

　Tango の RPW は式の形は簡単だが RPG が高いときは RPW が増えるよう
になっており、仮に RPG が 9 という一般的な数字を入れると RPW9.75 と常
識的な値が求められる[8]。

　Pythagenpat のところで議論したような RPG が 1 の場合などの極端な状況
には対応できないが、個別の選手評価では平均的な環境でプレーをしている
ことが通常想定されるし、一人の選手がチーム全体の得点環境を変えるほど
の影響を持つことは考えにくいため、そこまで極端な状況に対応する必要も
ない。用途からして平均的な環境で妥当に機能してくれればいいという割り
切りは成り立つ。

6）　https://bleacherreport.com/articles/54676-measuring-the-accuracy-of-
　　baseballs-win-percentage-estimators
7）　https://library.fangraphs.com/war/war-position-players/
8）　なおここでいう 0.75 や 3 は Tango の手法において絶対的な係数ということで
　　はなく、0.8 や 2.4 などいくつかのパターンが示されてきているようである。
　　https://www.beyondtheboxscore.com/2006/6/25/105053/348

またこの式の背景としては Pythagenpat の開発者である Patriot が行なっている分析が興味深い[9]。Patriot は平均的な RPG を前提に Pythagenpat を微分して RPW を求めるという計算を行っている。そこで得られた式は「RPW = 0.7509 × RPG + 2.7598」というもので Tango の RPW に非常に近く、現実的にあり得る得点環境では近似として優れた働きをするとしている[10]。

すなわち Tango の RPW は平均的な環境を前提にした Pythagenpat の近似と捉えることができるのである。得失点差を割るための RPW という Palmer の系列に属しながらピタゴラス勝率系のモデルからも導ける点が面白く、計算方法が簡単である点も魅力がある。NPB について RPG と RPW の関係を近似したときの式ともおおむね同じ計算になっており、RPG と RPW の対応関係が式になっているのだという説明も通りやすい手法といえるだろう。

なお Tango は前述の「10 点で 1 勝」の原理を得点の分布から説明していたのと同じ記事において得点と失点の差（絶対値）を考慮する形の RPW も提示している。

【Tango-RPW-RD】

RPW = 3.0 + 0.8 × RPG + 0.4 ×平均得点と平均失点の差の絶対値

0.75 と 0.8 という RPG にかかる係数のわずかな違いはあるが、最後の項を除けば前記の RPW と等しい。そして最後の項については「自チームと相手チームの得点差が大きいほど RPW は大きくなる」との説明があるほか、マルコフ連鎖を使った数理モデルとの対比によりあてはまりのよさを確認したようである。平均得点 4.43 と平均失点 3.43 の場合に得点の分布から計算した RPW は 9.65 だったが、4.43 と 3.43 を上記の式に代入すると 9.69 と非常に近い値が得られる。平均得点が 2 のチームから 6 のチームまで得点の分布を出して計算した場合と上記の式とで RPW の誤差は 0.2 以内におさまるとしている。Patriot もほぼ同様の式を導出している[11]。

たしかに直感的に考えても、得点が失点を圧倒的に上回っているのであれば追加的な 1 点はもはや「無駄打ち」になりやすいなど 1 点が持つ勝敗への

---

9)　http://walksaber.blogspot.com/2009/01/runs-per-win-from-pythagenpat.tm

10)　Matt Klaassen は実際のデータでこのことを示している。
　　https://www.beyondtheboxscore.com/2011/2/16/1995013/when-do-10-runs-not-equal-a-win-baseball-databank-data-dump-2-2

11)　https://walksaber.blogspot.com/2018/05/enby-distribution-pt-7-cigol-at.html

影響度が減少するのは理解できる。これは Palmer の RPW が考慮していない要素だがピタゴラス勝率にはビルトインされているといえる[12]。

　wRAA の換算といった場面を考えれば得失点差の項を考慮する意味は乏しいから、FanGraphs が得失点差を考慮しない RPW 式を用いているのも妥当といえるだろう(もっとも、支配的な能力を持つ先発投手の評価を考えると多少は影響があるかもしれない)。

5．精度の比較

　ここまでに紹介した各勝率推定式を NPB のチーム成績にあてはめた場合にどのような結果になるかを示しておく。参考までに、MLB の研究で示されている式に加えて前述の分析により導いた NPB のデータによる RPW のモデルも検証対象に含めた。

【NPB-RPW】

$RPW = 0.81 \times RPG + 2.94$

表 2　勝率推定式の精度比較

推定式	二乗平均平方根誤差	140 試合換算
NPB-RPW	.02907	4.070
Pythagenpat	.02908	4.071
Palmer-RPW	.02913	4.079
Pythagenport	.02914	4.079
Tango-RPW	.02924	4.093
Tango-RPW-RD	.02928	4.099
James-1.83	.02950	4.130
Soolman	.03007	4.210
RPW=10	.03026	4.236
James-2	.03147	4.406
RPW=RPG	.03243	4.540
Cook	.03689	5.165

12)　年間 140 試合で 601 得点 599 失点の A チームと 650 得点 550 失点の B チームを考える。Pythagenpat により勝率を推定し平均的なチームに対する勝利の差分と得失点差の比率(すなわち固有の RPW)を計算すると A は 9.19、B は 9.29 となる。A も B も全体で記録される得点数は同じだが得失点差が大きいほど追加的な勝利を得るのに多くの得点数を必要とすることが表れている。

　対象としたデータは 1950 年から 2023 年までの NPB 全チーム（2020 年を除く、延べ 891 チーム）である。二乗平均平方根誤差は勝率推定値と実際の勝率との差を二乗した値の平均値の平方根をとったものであり、小さいほど誤差が少ないことを示す。

　基本的にはどの推定式を使っても年間の勝率は .030 程度の誤差で推定でき、年間の勝利数に換算すると 4 勝程度の誤差となる。理論的な議論の深さに比してどの推定式を使っても現実的な精度ではほぼ差がないことが確認できる。

　現在における各式の位置づけのまとめとしては、ピタゴラス勝率の形式を用いて勝率を予測する式と、得点数を勝利数に換算するための RPW と分けて整理するのが有効だろう。

　理論的に綺麗なのはやはりピタゴラス方式の推定式であり、チームの勝率を推定する場面ではこれらを使うのが自然だろう。その中で最も支持されているのは Pythagenpat である。とりあえず勝率推定式といえば Pythagenpat を使っておけば間違いはない[13]。Pythagenport もほぼ同等に有効だが理論的背景でやや分が悪いのと、そのわりに計算が簡便でもなく使用する理由がないことから現在では分析で用いられる場面は見かけない。

　また元々 James が提唱したように指数を固定の 2（あるいは 1.8 などそれらしい数字）で計算してもそれほど差はなく十分に機能するため、よほど極端な得点環境を想定する分析でなければそれでもいいだろう。実際問題、Pythagenpat を使わずに指数を 1.8 で固定したために分析結果が不適切になるという状況は想定しづらい。

　そして得点数で表される指標を勝利数に変換する場面では RPW を用いるのが便利であり、精度としてもピタゴラス方式と遜色ない。RPW を求める式としては FanGraphs が採用している Tango の式がわかりやすいが、Palmer の式もいまだによく機能する。また勝利数へのインパクトを求めたいだけなら RPW を単に 10 と考えても基本的に大きな問題はない。NPB のデータから RPW を考えると「RPW = 0.81 × RPG + 2.94」という式があり得る。

　Cook の比を使った式は現在では用いる意義に乏しく、Soolman の式は「RPW = 10」の式と実質的に同じと捉えてしまってもいいだろう。

13）　表 2 において Pythagenpat の指数は $RPG^{0.28}$ で計算しているが、これを NPB のデータに合わせて $RPG^{0.25}$ とすれば二乗平均平方根誤差は .02900 となり全ての推定式の中で最も誤差が少ない結果になる。検証対象のデータから RPW を導いた NPB-RPW の誤差が少ないのはある種当然であり、設定値を調整すれば Pythagenpat がそれを上回ることができるのはやはり計算方式が優れている証左ではないかと思われる。

6．勝率推定式の存在意義

　以上、様々な勝率推定式を取り上げて内容を確認してきた。ここまでの整理を踏まえつつ、最後に勝率推定式の存在意義や使いどころについて考えてみたい。

　まず、筆者の理解によれば、勝率推定式の本質は「得点・失点と勝利・敗北の数理的な対応関係を示す」ことにある。潜在的なチーム力を評価するとか将来の勝率を予測する趣旨ではない。そのような用途での使用を全面的に否定するものではないが、チーム力や将来の成績を予測するためにはチームの真の能力としての得点・失点を推定することが重要なはずである。勝率推定式にとって得点・失点は外から与えられるものであり、勝率推定式自体に得点力・失点阻止力を推定する機能はない（将来の成績の予測についてはProjectionという異なる分野が存在する）。

　そこから、分析の世界における技術的な存在意義として「単位変換器」の役割を果たすという点がある。何度も述べている通り勝率推定式は得点数を勝利数に変換する機能がある。現在のセイバーメトリクスの体系において例えば専門機関がWARを算出して公表する際には勝率推定式がなければ計算ができない。分析実務において欠かすことのできない存在である。

　また、分析において得点の合計値で考える裏付けを与えてくれるという意義もある。勝率推定式が扱っているのは年間の得点・失点の合計値（あるいは平均値）であり、重要な局面での得点か否かなど個々の得点を区別していない。このように合計値で考えても高い精度で勝率が推定できるということは、野球のペナントレースというのは基本的にはシーズントータルの得点・失点を追求すればいいということがわかる。勝率推定式が存在することによりそれをわかりやすく示すことができるし、wRAAやUZRなど得点を特定せず期待値で評価する手法の有効性を裏から支えているともいえる。

　そして、勝率推定式は球団編成の指針にもなる。勝率推定式を活用すれば例えば優勝に必要な勝率を.600とし、そこから逆算してどれだけの得点・失点が必要か、それを実現するためにはwRAAやFIPからしてどのような選手が必要かを検討することができる。今となっては当たり前のようなことだが、

この推定が合理的にできるのとできないのとでは大きな違いがあり、得点数による評価だけでは実現できないことである。さらに推定値と実際の勝率との差異は基本的には運による[14]ため、勝率が芳しくなかったときに得点・失点のレベルで編成に失敗しているのかそうではなく結果がうまく顕在化しなかったのかを区別して評価することが可能になる。

最後に、勝率推定式のおかげで得点以上に普遍的な価値尺度を持つことができる。同じ wRAA+40 という記録でも、それが投高打低の時代のものなのか打高投低の時代のものなのかによってチームの勝敗に与える影響は異なる。得点環境を考慮する勝率推定式ではこの部分をうまく評価することができる。特に、過去の選手を貢献度の観点から適切に讃えることの意義は大きいだろう。

例えば道作氏は長嶋茂雄の成績について当時の得点環境から勝利数換算で極めて高い影響力を持っていたことを示しつつ「長嶋引退後にNPBはラビットボールシーズンをむかえている」[15]という背景を指摘し、勝負強さなどについては過大に語られているのに対して「実績は意外なことに過小評価」[16]であると論じている。こうした議論は勝率推定式を使って普遍的な単位で評価を行う面白味だと考える。

勝率推定式自体は Pythagenpat あたりで完成を見た感があり、得点と失点を変数とする式という意味ではこれ以上の大幅な改善や理論的な発展は考えにくい。しかし今後も分析実務において重要な役割を果たし続けるだろう。

---

14)　勝率推定式による予測以上に継続してうまく勝つといった要素が観測されないことにつき拙稿「推定値に表れない要素の一貫性」岡田友輔他『デルタ・ベースボール・リポート 4』（水曜社 2020）参照。

15)　http://www16.plala.or.jp/dousaku/xrsonota.html

16)　http://www16.plala.or.jp/dousaku/nagasima.html

高校の野球グラウンドに迫る危機

道作
（どうさく）

　学習指導要領は、学校教育法第1条に規定する学校（いわゆる一条校）のうち、小学校、中学校、義務教育学校（前期課程・後期課程）、高等学校、中等教育学校（前期課程・後期課程）、特別支援学校（小学部・中学部・高等部）の各学校が各教科で教える内容を、学校教育法施行規則の規定を根拠に定めたもの（wikipedeia [1] より）。

1.「学習指導要領」に野球は存在しない

　学校教育法は一般の人にも馴染みが深いであろう「国法」であり、定めるのは国会、選挙で選ばれた議員。最も基本的な決めであり、例えば小学校が6年間・中学校が3年間なのはこの法が根拠だったりする。

　が、「国法」というのは普通、根幹的な内容を規定するにとどまりあまり細かい決めまでは定めないものである。この下に「省令」「規則」「通達」「条例」などと派生していくが、具体的な内容は得てしてそちらで定まっている。これを定めるのは国会ではなく関係省庁や地方公共団体になる。我々の生活と具体的に関連しているのは、むしろこの省令などの方である。

　学校教育法施行規則の下にある学習指導要領には50分間で1単位時間、35単位時間で1単位、最低74単位で高校卒業の権利を得るといったことや授業で扱われるべき事柄などが定められている。学校はこれをベースにして学校での学習計画を組み立て、それに従い教諭がその1コマずつの授業の内容を検討する。非常に重要な、小中高の授業内容を最も具体的かつ直接的に規定する決めである。

　2018年、文部科学省から新しい学習指導要領が告示された。2022年に高校へ入学する世代からこの要領に従った授業を受けている。センター試験にもいよいよ2025年から「情報科」が新設されるという、現実的な影響が出

1)　https://ja.wikipedia.org/wiki/ 学習指導要領

始めようとしているところである。このうち、数学の改定部分にセイバーメトリクスを好む者にとってはうれしい内容が一部含まれていた。

「数学 B」の「2 内容」において、以前は「確率分布と統計的な推測」と章立てされていたものが単独の「統計的な推測」に改められた。結果、数学 B の中で履修していた統計に関する内容はより詳細なものとなる。平成に入るころに除外された「検定」も約 30 年ぶりに復活することとなった。

これだけコンピュータが簡単に扱えるようになり、コンピュータのオペレーションが個々人に対しある程度は求められる世間の流れからすると、いずれ統計が社会的に重視されてくるのは当然である。学問にも流行がある。今回の改定は社会的な要請に沿ったものと考えられる。

イ　次のような思考力、判断力、表現力等を見につけること

（ア）
確率分布や標本分布の特徴を、確率変数の平均、分散、標準偏差などを用いて考察すること
（イ）
目的に応じて標本調査を設計し、収集したデータを基にコンピュータなどの情報機器を用いて処理するなどして、母集団の特徴や傾向を推測して判断するとともに、標本調査の方法や結果を批判的に考察すること

このへんの新しい記述は、セイバーメトリクスの側からするとむこうからこっちに寄ってきてくれた観がある。朗報である。まあ確かに「数学 B」は「数学 I」のように必修ではないため全員が履修するわけではないが、今後は統計について今よりも身近に感じ、概念をより理解した層がファンの中に増えてくるのは明らかである。ちなみにセイバーメトリクスの基礎でも使う「箱ひげ図」は中学の課程に移ることとなった。箱ひげ図をより早い段階で学ばせようとする方向性は、これもまた統計重視に通じる側面ありと勝手に思ったりする。

とまあ、喜んで指導要領を眺めていたわけであるが、これを拝見しているとどうしても以前から全く改められていない「野球にとって非常に不都合な事

実」が目に入ってしまう。それは以前から、体育教諭兼野球部監督（または部長）や強豪校の校長のような立場の人の中には気にする人もいたものである。

　当然のことだがこの学習指導要領は数学ばかりではなくすべての教科を対象としている。これを読むほとんどの人が経験していないだろう教科「農業」や「水産」まで、教科として存在する以上当然だが網羅されている。

　もちろん「体育」もある。要領には何を目的としてどういうことを履修するのか、といったような記述が続き「水泳」「陸上」「器械運動」「武道」などと並んで「球技」の記述がある。その中では「ゴール型」「ネット型」「ベースボール型」といった分類がなされ、「内容の取扱い」において次の通り定められている。要するにこの9種目の中から選んで卒業までにいくつか履修できるようにしておくようにという決めである。

「ゴール型」
バスケットボール・ハンドボール・サッカー・ラグビー

「ネット型」
バレーボール、卓球、テニス、バドミントン

「ベースボール型」
ソフトボール

　ベースボール型の記述こそあるものの、ここに野球そのものは存在しない。特に公立高校を卒業された方は学校時代のことを思い出していただきたいが、授業で野球をやった経験がおありだろうか？ よほどの例外を除き、そのような経験はないはずである。学校体育には基本的に野球が存在しないのだ。

　さらに2代前の2002年の要領を見てみると状況はさらに悲惨で、「○○型」の分類はなく（従って「ベースボール型」のようにベースボールのべの字も見られない）、ただ野球を含まない競技のリストが並んでいるだけだ。野球が学校体育に存在しないことを否応なく見せつけるようなリストである。

　翻って、通った高校のグラウンドに野球関係の施設が全くなかった人はい

るだろうか。都会の真ん中でどうやっても広い敷地が確保できないといった特殊な条件がない限り、野球グラウンドはあったはずである。そしてこの施設は基本的に部活にしか使われることはない。

　このことは、将来いつの時点か、必ず問題として顕在化することになるだろう。おそらく通常は4万〜5万㎡台であるはずの学校敷地のうち、数千㎡レベル（以上）が部活にしか使われない場所になっている。確かに部活は学校生活の重要な一部であるが、そのための施設が優先的にあらかじめ存在する条件で学校が設立されていいわけはない。履修の対象となる競技で使用するラグビー場を含む球技施設、水泳プール、器械体操施設、武道場のすべてを網羅することは、都会の学校になるほど難事である。これらすべてが整備されている学校はほとんどないはずだ。そしてこれらが揃わないのに部活のための施設を優先させたとなれば、もしこれが公立学校であれば税金の使われ方としていかがなものかという、お馴染みの批判にいつかさらされることになるだろう[2]。確かに部活の施設だってないよりあった方がいいに決まっているんだが、優先順位はある。授業で使う施設が優先でなければならないのはいうまでもない。

2)　ある市議会で「今年の施設整備は市庁舎の耐震化完成と、5つある集会所のリフォーム開始とします。市庁舎の方は必須で、集会所は財政状況により年次計画を立てて3年以内に完了させることとし…」などと決定されたとして、年度末に市建設部長が「市庁舎は完了しました。集会所のリフォームは1ヵ所に留まったのであと4年ほどかかりそうです。理由は私の一存で美術館の改築を始めたことにより予算が不足したことで…」などとやってしまったらこの部長は一発レッドカードだろう。確かに美術館だってそりゃあないよりあったほうがいいに決まっているが、その前に決定権を軽んじて優先順を覆すような真似は許されない。

2.　学校に野球グラウンドが存在することの背景

　そもそもの話として、学校設置の根本的な理由は、たとえば高校なら「希望して入学してきた者に対して高等学校教育を行い、高等学校卒業の資格を付与して社会なり大学なり次のステージに送り出すこと」であり、これが第一義である。他にも副次的な効用はあるだろうが、それはあくまでも本筋の活動に付随して得られるもので、本来の目的に対して優先されるべきものではない。施設は本来の目的に即して設置されるべきものである。

　確かに選択が可能である以上、すべての競技施設を備えることが難しくとも、体育の単位を認めることはできる。ただし、その状態で学校が成り立つとなれば、公費で教科外の施設を作ることにはやはり問題がある。野球場を他競技と併用することは全く不可能ではないが、芝と黒土のグラウンドが四角く分割された特殊な形状の上に、土の面にはマウンドという盛り土が常設されている。おいそれと他競技で使えるような場所ではない。土の面は荒れやすく、数十人規模で1日複数回野球以外の授業をやってしまえば野球用に均すのは大変な事だろう。また、野球以外では不要な高いバックネットや防球フェンスが必要で、人口密集地になるほどこれを高くしなければならない可能性がある。設置及び維持のための費用負担は重い。

　なお、部活ではなく授業に関しての話であるが、球技に関しては「地域や学校の実情に応じて、その他の運動についても履修することができること」という一文が要領にある。このことと、要領に掲げた競技に野球がないのに、わざわざ「ベースボール型」などという文言を盛り込んだことは、少しでも現状にすり合わせようとした文科省官僚の苦労の跡のように映る。要領に野球は影も形もないのに、強引に「ベースボール」を潜り込ませている[3]。

　部活動は課外活動として規定されており、そこで野球をやることに抵抗は

---

3)　よく批評で「○○の体質が古くて（悪くて？）云々」、といった言説を拝見することがある。○○に入るのは IOC だったり NPB だったり高野連だったり政府だったりするわけであるが、せめて関連する法令・規定・定款等の全文くらいは読んでおきたいところだ。「実は○○はそんなことは一言も言っておらず、現行の方式の欠陥は前後の事情から、叩かれている当の○○の責任ではなく○○が希望するところでもない」といった事態が散見されるためである。

ないだろう。しかしわざわざ野球場を作るとなると、せめて「地域や学校の実情に合わせて」授業で野球を行う前提があり、そのための施設を活用して部活でたまたま野球をやっているというお題目は必要である。でなければ同じだけの権利を持つはずの他の部活動との整合性が取れなくなる。どの学校でも、基本的に「今ある施設」で活動することが可能な部活を行っているはずで、授業と関係なく部活用の施設を備えている例は野球以外では稀で小規模だと思われる。

　さらに競技人口減少の問題がある。卓球やバドミントンのように部員が1人2人でも参加する気になればインターハイ予選に出られる競技はある。ところが野球の方にそんな事情はない。部員9人を下回れば、連合チームを組むくらいしか参加の手段はなくなる。それでは競技継続を希望しないという人も多いだろう。部員が漸減するのではなく、9人を下回った段階で即ゼロになってしまう可能性も内包しているのだ。古くから盛んな競技で、競技者確保のための努力は全国津々浦々にまで及んで久しい。逆に言うと既に供給源は押さえてしまっているので新たな競技者の大挙参入は考えられないことになる。ここに、新しいスポーツは次々と紹介される。どんなスポーツだってやってみれば魅力的なものだ。そちらの方が性に合う人も当然出てくる。結果、人材は散ることになる。

　また、上記のようなチーム人数の壁もある。そもそも1学年あたりの学級数や生徒数は減少の傾向にあるため、全生徒数のうち野球部員の割合が上がらないと現行の規模の部活動は維持できないのだ。バドミントンやテニスなどとは事情が全く異なる。野球経験者のほとんどは軟式出身で、硬式野球はサッカーなどに比べれば入り口の敷居が高いという事情もある。さらに通信教育の高校も増えているが、こちらに硬式野球部を求めるのはちょっと難しそうだ[4]。国際試合があまり頻繁ではないのも、新たな参入生徒の確保にはマイナスだろう。

4)　これらの事情を鑑みるに、競技人口は半減していて全く不思議はないところである。高校生の人口の減少とシンクロした部員の減り方ならばその競技はむしろ隆盛を極めている競技だろう。個人競技なら部員が5人から4人になったところで2割の減で済むが、野球は9人が8人になれば1割程度の減少ではたぶん済まない。15人を必要とするラグビー部の存続が全国的に難しくなっていることにもそうした事象は表れている。実際には壊滅的な減少は見られていないことから、私的には、よくある評論家の提言とは異なり、指導する側やそれを束ねる側の普及の努力は大いに評価されるべきだと考えている。

　少子化もあって公立学校1校当たりの生徒数は減っており、最悪の場合は野球部が消えてしまっている学校もある。そうなれば野球場やバックネット、防球フェンスやマウンドといったものは、授業でも部活でも無用のものとなる。連合チームが週に1回当該グラウンドを使うといった状況ならまだましだが、それでも数百人の学校なのに、数名の、授業ではない課外活動のためだけに敷地の1割2割が使われる状態になる。さらに、公的に規定された高校の責務、そこに高校が存在する根源的理由からして、野球グラウンドなしで本来の学校業務は成立してしまっている。経理の立場からすると、これは典型的な余剰資産となる。

3．高校から野球グラウンドが消える日

　さて、昔はこのような場合「お茶を濁す」という対応がよくとられていたものだ。本来は白黒があるところなのだろうが、はっきり白黒つけてしまえば得をする人間が誰もいないような場合は、あえてつけない日本型の知恵が働いていたように思う。ところが、近年はそうとばかりはいっていられなくなった。

　そして、ついに大学の中にショッピングセンターを作ってその上がりで運営費を捻出しろという経済評論家（なんと大臣経験者だ）まで現れる時代となった。上記の野球グラウンドを巡る諸般の事情に対し正面切ってケンカを売られれば、フォーマルにはケンカを売った側が正しい。行政の側は折れるしかない。白黒つくまで突き詰めれば、公立学校の新築・改築時には野球場を作ることは許されなくなるだろう。また、ショッピングセンター云々の考え方からすると、野球場がなかったとしても高校本来の目的が達成できているのであれば、野球場の土地を売却して国なり県なりの負債を圧縮するか、または他の競技場に転用せよということになるだろう。法令上はそれが正解なのだ。

　税金の使い道を語る際、「財源は」とか「箱物維持のための負担は」とか「身を切る改革」とかお題目のように語る皆さんはどうお考えなのだろう？趣旨からすると野球場は真っ先に削られなければならない対象である。題目を唱えながらこれを放置するようでは完全なる趣旨替えかダブルスタンダードにしか見えない。

　学校に野球グラウンドのあることが空気のように当たり前になってしまい、上記のような事情が意識に上らなくなる点や、気がついていても反発を恐れて触ることができないといったことが続いてきたようである。いずれにしても日本社会に占める野球の存在の大きさを表している。今のところ「野球グラウンドの正当性」はコストカッター達の好餌になることもなく、高校の野球グラウンドは差し迫った危機に瀕してはいない。

　しかしこれは今のところそうである、ということにすぎない。例えば30年後にも野球という存在が現在の立ち位置にある保証はない。野球好きの逆目に回っても激しく叩かれる心配がないとわかった瞬間に、功名心にかられた「改革屋」がこの件に群がってくることは間違いない。どのようなかたちで具象化するかは不明ながら、いつかは日の目を見てしまう運命にある。

　さて、昨今の高校野球では選手の健康管理などの面から様々な改革案めいたものがメディアに流れているようだが、高校教育が根本的によって立つ本来の高等学校業務までが脅かされるようでは本末転倒である。「改革案」の中には諸法令とのバッティングが避けられない例まで散見されるようだが、日本全国の高校の業務を破壊するがごとき案になっていないかは常に考えてほしい。要するに「フォーマルな、法令規則上の優先順位はどうなっているの」という話なのだが、ここを一切考慮していないような案は効果がないばかりかいつの日か自殺行為にまでつながりそうである。野球部員の授業時数との兼ね合いはどうなのか？　改革が条例・規則にまで影響を及ぼす場合、体育施設と部活施設の問題をクリアする準備はできているのか？　高校野球は高校の野球であって野球の高校ではない。

　もしかすると高校の野球部という文化は思っている以上に危険にさらされているのかもしれない。

４．野球と学校の結びつきというレガシー

　かつて野球は学校内の活動の一環として全国に普及してきた。

　一高や早慶の故事に始まり、学校をひとつの共同体として、代表する野球部が外へ出て他の共同体と競う図式。

他の競技などはほぼ定着していなかった時代のことである。他に優劣を競うがごとき手段はあまりない。教科の規定も今よりは緩い時代で、多くの学校に野球用の設備が作られることになった。共同体の意識は自校のチームを「ウチ」と呼び、対抗する学校のチームを「学校名＋さん」と呼ぶところにも垣間見える。往時は対抗心が相当にエスカレートしていたようである。学校同士の試合であるのに1933年の「リンゴ事件[4]」のような例は他国ではありそうにない。現在の漫画などでも、共同体として話が完結するため学校外のこと、特に家庭を描かれないまま完結する例は多くある。

例えば20世紀初頭の欧州の特にドイツあたりで、学校のゲマインシャフト（共同体）としての側面を重く見た教育が実践されたことがある。学校内で一人の教師と数名の生徒が小集団を作り、それぞれのハウスで共同生活を送るところまで行きついた例もあった。戦争などもあって一般化されることはなく現在に至るが、そのような試みのない日本の方がむしろ学校にゲマインシャフトの特徴を多く見ることができるのは面白い。

サッカーチームなどは、地域密着の標語などないうちから都市に存在していたという。旧教徒の創設したチームなど応援できるかといって、新教徒が別のチームを創設したりして2つのチームが存在するような街もあるが、基本はひとつ。良し悪しとは別に、そのようなものとして発展してきた結果、現在のような周辺状況があるわけである。欧州がチームの主体となる地域共同体として街を紐づけたのに対して、こちらは学校と紐づけて発展しただけのこと。昨今、地域密着でなければ時代遅れであるがごとき言説が流布されているように感じられるが、私としては少々心外である。

現在、学校野球場の無理ない存続、野球文化の持続可能な継承は危機に瀕している。野球部の存在なしで現在の国技にも等しい地位は保てないであろう。今のままでは先人の築いた有形無形のレガシーが失われかねない危険をはらんでいる。このことに危機を覚えるのであれば、いずれ将来の指導要領改訂の際に、野球を学校体育の選択肢に加えるような運動は水面下で必要と考える。

5) 大学野球において、試合後に応援団が万単位でグラウンドに降り衝突するところを、200名の警官隊が阻止した事件。夜間も同時多発的に都内で乱闘があったようである。

参考論文　渡邊隆信. 「共同体としての学校」の起源と史的展開―ドイツ新教育における「ゲマインシャフト」概念に着目して. 教育学研究. 2020

台湾プロ野球と NPB の守備データ比較から見えるリーグ特性

〜中信兄弟・江坤宇（ジャン・コンユ）は源田クラスか？〜

岡田 友輔

（おかだ・ゆうすけ）

1．CPBL の守備データを概観する

　DELTA は 2022 年から中華職業棒球大聯盟(CPBL)の詳細データの取得をスタートしている。データ粒度は NPB と同等で集計結果に関しては一部を X（旧 Twitter)で公開している。NPB とは異なるリーグゆえに結果は慎重に扱わなければならないが、データ入力から集計を通じて透けて見えてくる多様な視点やリーグ事情は、大きな収穫といえる。個人的にデータの拡張性を最も感じたのが守備データで、投打成績よりも参考になるのではないかと考えている。

　CPBL の守備データを見ていく上で、弊社が取り扱ってきた NPB データとの比較が、リーグ特性の違い（あるいは合致)を感じとれるはずだ。2023 年のデータを見ると(表 1)、CPBL と NPB の打席結果に占める左右打者の割合は大きく異なる。NPB も近年、左打者割合の増加傾向が道作氏から報告されているが、CPBL はすでに左打者の打席割合が過半を占め、左右打者の割合がほぼ同水準の NPB に比べ、3 ポイントほど左打者の割合が多い。

表 1　日本と台湾の打者の左右割合 (2023)

左右	CPBL		NPB	
	打者	割合	打者	割合
左打者	12139	52.8%	31800	49.7%
右打者	10854	47.2%	32243	50.3%

　より多くの左打者が打席に立つリーグでは、打球傾向に違いがあると考えるのが自然だろう。両リーグの打球傾向を3方向（レフト・センター・ライト）、2方向（球場をホームプレートと二塁ベースの延長線で左右に二分割）で見ると（表2）、CPBLではレフト方向、NPBではセンター方向の打球割合に差があるようだ。

表2　日本と台湾の打球方向の傾向（全打球・2023）

方向	CPBL	NPB
レフト	32.3%	30.1%
センター	37.8%	40.7%
ライト	30.0%	29.2%
左側	50.9%	52.1%
右側	49.1%	47.9%

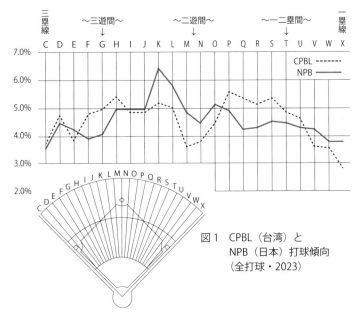

図1　CPBL（台湾）と
NPB（日本）打球傾向
（全打球・2023）

　よりゾーンを詳細に分けたグラフで見ると（図1）、CPBLでは投手正面（M・Nゾーン）の打球が少なく、その分が一二塁・三遊間方向への打球割合を高めているようだ。一方でNPBは投手正面打球割合が他ゾーンとそれほど変

わらない。さらに、センターの遊撃手寄りのゾーン(K)の割合が最も多くなっている。このような違いは両リーグの目指す野球の方向性の一端を表しているかもしれないが、検証にはもう少し推移を見守ることが必要だろう。

2．ゴロ打球の飛び方と処理割合

　ここからは内野守備を評価する上で対象となるゴロ打球を見ていく(図2)。基本的にゴロ打球の割合は全打球の傾向と変わらないが、NPBはセンターより(K〜N)のゴロがより高まっている。CPBLは日本のプロ野球に比べ、センター寄りよりも三遊間や一二塁間寄りの打球割合が高い点は、守備力を考慮する上で注意が必要だろう。当然、リーグの打球傾向はポジショニングに影響を与える。両リーグの遊撃手で考えると、NPBはセンター寄りに、センター方面の打球が少ないCPBLでは三遊間寄りに守るのが合理的と考えられる。

　実際に弊社のデータ管理責任者や実際に入力を行っているスタッフは、CPBLの遊撃手は明らかに三遊間寄りのポジショニングを取っていると言及している。

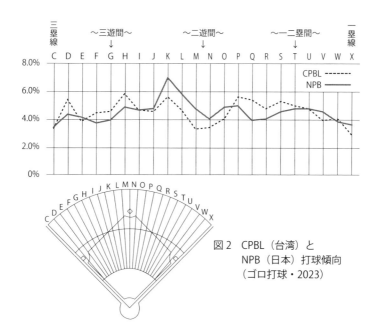

図2　CPBL（台湾）と
　　　NPB（日本）打球傾向
　　　（ゴロ打球・2023）

　ゴロ打球全体の傾向を把握した上で、両リーグのゴロの処理を比較すると、CPBL は 70.9％、NPB は 73.4％と日本のプロ野球の方がゴロ打球をアウトにする割合は高い。だが、これをもとに NPB の守備力が高いという単純な話ではなく、選手個人の資質や前述のリーグ傾向に加え、ボールの特性や球場の影響などが含まれた結果である点は留意が必要だろう。

表 3　CPBL（台湾）と NPB（日本）のゴロ打球の処理割合（2023）

処理割合	CPBL	NPB
ゴロ	70.9%	73.4%

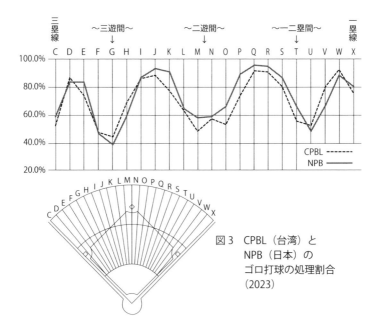

図 3　CPBL（台湾）と
　　　NPB（日本）の
　　　ゴロ打球の処理割合
　　　（2023）

　さらにゾーン別の処理割合を見ると（図 3）、ポジションごとの特性の一部が表れているのではないかと感じる部分もある。遊撃手に関しては両リーグの打球傾向を反映し、守備の選択に生かされているのがよく出ている。二遊間方向（K 〜 O）は NPB では打球割合が高いが、この多くの打球が飛ぶゾー

ンの処理割合を高めることでゴロ処理率を高めているのがうかがえる。一方
で、台湾の遊撃手も三遊間方向(G・H)で同じようなアプローチをとっている。
基本的な打球処理割合に差があるにもかかわらず、日本の遊撃手以上の処
理を見せている。

　二塁手はどのゾーンでも NPB の処理割合が上回っている。台湾の二塁手
は、遊撃手と同じく二遊間方向の打球の優先度を落としてはいるが、遊撃手
で見られたような反対ゾーンの処理が高まっているわけではない。同様の結
果にならなかったことに対して原因はあるのだろうが、この守備力の差がリー
グに占める人材の差やポジションに求める攻守の重要性によるものだとした
ら、各国リーグがどのように勝とうとしているのか、その志向を表わしている
のかもしれない。

　なお、他にもポジショニングで差がありそうなのが一塁手で、CPBL の一塁
手の方が一二塁間をカバーする割合が高い。選手育成や補強を含め、攻守
で求める要素が異なっていたとしたら面白い。

3. Hangtime 別の処理割合

　両リーグのゴロ打球処理の全般についてみてきたが、もう少しデータの粒
度を下げてみていこう。DELTA では各打球の Hangtime（ハングタイム）を
取得している。Hangtime はフライであれば打者がスイングして、バットにボー
ルが当たった瞬間からボールが地面に落ちる、あるいは野手が飛球を捕るタ
イミングまでの秒数である。ゴロに関しては、バットにボールが当たってから
内野手がボールを捕るタイミングで取得している。ゴロが野手の間を抜けた
安打の場合は、抜けた打球の正面に野手がいたと想定し、処理されるタイミ
ングを記録している。

　こうしたゴロが野手まで到達する時間を基準とすることで、打球の強度の
細分化ができる。特に守備に関しては、ゾーンに到達時間も加えると、各選
手の守備範囲を可視化できる割合が増加する。近い特性の打球をどのくらい
処理できたのかに近づけるため、様々な面で環境の異なるリーグの間の守備
においても、ある程度の比較が可能だ（表 4、5）。

表4　CPBL（台湾）の遊撃手のゾーン×Hangtime別ゴロ処理割合（2023）

秒数	F	G	H	I	J	K	L	M	N	O
1.0~1.5	2.3%	13.6%	46.8%	75.0%	78.2%	46.0%	20.3%	2.9%	0.0%	0.0%
1.5~2.0	9.2%	41.7%	74.6%	91.1%	93.3%	82.6%	59.9%	22.4%	13.3%	0.0%
2.0~2.5	16.7%	52.3%	74.3%	91.1%	87.7%	90.4%	86.1%	43.9%	20.7%	16.7%
2.5~3.0	0.0%	0.0%	37.5%	69.2%	100%	81.8%	85.7%	50.0%	28.6%	16.7%

表5　NPB（日本）の遊撃手のゾーン×Hangtime別ゴロ処理割合（2023）

秒数	F	G	H	I	J	K	L	M	N	O
1.0~1.5	0.0%	3.7%	29.4%	74.5%	90.3%	74.6%	14.9%	1.0%	0.0%	0.0%
1.5~2.0	1.6%	18.2%	61.6%	89.7%	96.2%	94.4%	59.8%	22.3%	2.0%	0.9%
2.0~2.5	0.0%	26.7%	64.9%	91.3%	95.5%	97.2%	90.3%	58.1%	17.7%	2.6%
2.5~3.0	0.0%	0.0%	31.3%	84.0%	73.7%	86.8%	82.8%	65.0%	34.6%	10.3%

　最も到達時間の短い 1.0 ～ 1.5 秒の打球を見ると CPBL、NPB ともに J ゾーンが最も処理割合が高いが、処理割合には 10 ポイント以上の開きがある。これは I ゾーンの処理を見ると事情が推察できる。恐らく NPB では J ゾーンが定位置として守るケースが多いのに対して、CPBL では I と J どちらかで守るケースが多く、ここからも三遊間寄りをケアしていることがうかがえる。

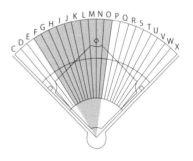

図4　計測対象

　1.5 ～ 2.0 秒の打球が両リーグの打球処理方針が最も異なる部分になりそうだ。CPBL は H・G ゾーンの三遊間深めの打球処理の高さが NPB と明確に異なる。逆に NPB は定位置付近の処理割合の高さに加え、二遊間方向でアウトを稼いでいる。

　2.0 ～ 2.5 秒ゾーンではそれぞれのリーグ傾向を引き継ぎながら、NPB の確実性の高さが確認できる。打球が到達するまでにある程度の猶予がある場

合に関しては、確実性という部分で両リーグの遊撃手を担う層に差があるのかもしれない。ただ、CPBLに関しては環境面でやや不利な面は考慮しなければならないだろう。

4．台湾の守備の名手・江の守備力のレベル

　ようやく本題になるが、その台湾の遊撃手で最も守備力が高いとされているのが中信・江坤宇（ジャン・コンユ）選手になる。前述のデータ管理責任者やスタッフも江選手の守備力の高さに言及している。また、日台両球界関係者に守備力（CPBLのUZRデータ）に関してヒアリングした際にも、江選手の守備には太鼓判を押していた。2023年のCPBL遊撃手のUZR・守備イニング（表6）では江選手がトップになっている。守備力を維持しつつ、出場を続けられたことは高く評価するべきだろう。

表6　CPBL（台湾）の遊撃手UZR上位選手（2023）

#	名前（所属）	守備イニング	UZR
1	江坤宇（中信）	980	16.6
2	張政禹（味全）	544	12.6
3	林靖凱（統一）	885 1/3	3.5
4	王勝偉（富邦）	473 2/3	2.5
5	曾傳昇（味全）	368 1/3	0.6
6	劉俊豪（富邦）	278 1/3	-3.8
7	林承飛（楽天）	692	-20.1

　2023年の江選手のゾーン別処理割合を見ると、　台湾の遊撃手の平均と比べ広いゾーンをカバーしているのがわかる（表7）。三遊間方向の打球に強く、三遊間中央（G）で高いアウトを獲得できているのは、守備位置・捕球スキル・強肩などの要素を兼ね備えていることをうかがわせる結果だ。また、三遊間に強みを持ちつつ、二遊方向でも、二遊間の打球処理に優れる日本の遊撃手と同等の値を残している。

　比較のため2021・2023年西武・源田壮亮選手の処理割合を併記する（表

8〜9）。源田選手との比較からも、江選手の守備範囲を感じることができるのではないだろうか。特に2021年の源田選手は、守備範囲においてキャリア最高レベルの広さを誇っていた。リーグこそ違うものの江選手はそれに伍する割合でアウトを獲得していた。なお、江選手のゾーン打球をNPBの遊撃全体と比較すると、平均比で30以上のアウトを獲得した計算になる。

表7　中信・江坤宇のゴロ処理割合（2023）

秒数	F	G	H	I	J	K	L	M
1.0〜1.5	3.3%	25.0%	50.0%	92.3%	92.9%	52.6%	14.3%	0.0%
1.5〜2.0	21.1%	48.6%	80.9%	88.9%	95.7%	84.4%	71.4%	36.4%
2.0〜2.5	0.0%	60.0%	83.3%	100%	100%	100%	57.1%	44.4%
2.5〜3.0	0.0%	0.0%	0.0%	100%	100%	100%	0.0%	100%

表8　西武・源田壮亮のゴロ処理割合（2023）

秒数	F	G	H	I	J	K	L	M
1.0〜1.5	0.0%	0.0%	30.0%	87.5%	100%	90.0%	22.2%	0.0%
1.5〜2.0	0.0%	25.0%	73.7%	87.0%	85.2%	97.4%	83.3%	20.0%
2.0〜2.5	0.0%	50.0%	77.8%	81.8%	88.9%	94.1%	90.5%	75.0%
2.5〜3.0	0.0%	0.0%	0.0%	0.0%	50.0%	33.3%	50.0%	100%

表9　西武・源田壮亮のゴロ処理状況（2021）

秒数	F	G	H	I	J	K	L	M
1.0〜1.5	0.0%	0.0%	30.0%	78.6%	100%	78.9%	16.7%	11.1%
1.5〜2.0	0.0%	47.1%	80.0%	92.7%	100%	100%	91.3%	20.0%
2.0〜2.5	0.0%	60.0%	94.1%	89.5%	100%	100%	88.9%	90.0%
2.5〜3.0	0.0%	0.0%	0.0%	66.7%	100%	100%	100%	0.0%

5．リーグをまたいでも計算が立ちやすい守備能力

　打球ゾーンと到達時間別のゴロ処理率は、選手の守備特性をより明確に表してくれる。

　到達時間が短ければ、最初のポジショニングや反応時間がより重要になる。

一方で三遊間方向の緩い打球に関しては、移動や捕球体勢、さらに送球の強さが求められるだろう。

ゾーンと到達時間別に求められるポジショニング・反応時間・移動スピード・捕球スキル・送球スキルが変化する中で、多くのスキルを持つ遊撃手が広い範囲でアウトを取る割合を高められるのだろう。

こうした守備データは選手獲得を考えるうえで、投打データよりも扱いやすい面を持っている。リーグが変わると選手レベル（や環境）の違いに合わせ、同じ結果でもそれを調整して選手を見なければならない。特に投打成績は相手が優れている（劣っている）ことで、相対的に対峙する側の成績が上下してしまう。これは NPB/MLB はじめ、ほぼすべての団体が扱いに困る問題である。

一方で守備に関しては、打球の到達時間やゾーンが変わらず、アウトを取る作業に関するアプローチもほとんど変わらない。台湾から日本に来たことで、同じ打球に対する処理割合は基本的に変わらないはずだからだ。

近年、台湾球界で超一流の成績を残し、NPB での活躍を期待されたのは王柏融選手だろう。CPBL の４割打者は、NPB 投手に苦戦し期待された成績を残せずに台湾球界に復帰した。まさにリーグをまたいだ選手の評価が難しいことの証左ともとれる経緯をたどった。ただ、守備に関してはもう少し確実性は上がるはずだ。20 歳台前半の江選手（あるいは味全・張政禹選手）などは高い守備力を備えている可能性は高そうである。もちろん野手として攻撃力がどの程度になるかは考慮しなければならないが、補強の候補が限られる遊撃手の調達先としては、CPBL は面白いリーグになるのではないだろうか。

台湾プロ野球とＮＰＢの守備データ比較から見えるリーグ特性

GLOSSARY
用語集

セイバーメトリクス（Sabermetrics）
野球についての客観的・統計的な研究。ビル・ジェイムズというひとりの野球ファンによって提唱され、アメリカ野球学会の略称である SABR と測定を意味する metrics からその名がつけられている。当初は好事家の間の趣味として広まったが現在では MLB の多くの球団が専門家を雇い入れ、チームの運営に活用している。

得点期待値（Run Expectancy）
特定のアウト・走者状況から、当該イニングが終了するまでに平均して何得点が期待できるかを表す数値。状況の変化を得点期待値の差で表すことにより特定の出来事の価値を計る目的や戦術の有効性を計測するのに用いられる。

リプレイスメント・レベル（Replacement Level）
最小のコストで用意することができる代替要員の成績水準。選手の貢献度を数値化する際の基準として用いられる。MLB の算定では一般的に、リプレイスメント・レベルの選手でチームを構成した場合得点率は平均の 80％ 程度、失点率は平均の 120％ 程度、勝率は .300 程度になるとされる。

ピタゴラス勝率
（Pythagorean Winning Percentage）
チームの総得点と総失点から見込まれる勝率を計算する式。ビル・ジェイムズ考案。勝利と敗戦の比は得点と失点の比の二乗に比例するという統計的な法則を基にしている。細部を改変した派生バージョンが多数存在。式の形が「ピタゴラスの定理」を思い起こさせるところからその名がついた。
ピタゴラス勝率 = 得点の二乗÷（得点の二乗＋失点の二乗）

打率（Batting Average）
打数のうちの安打の割合を示す指標。伝統的には広く利用されているが、四死球を考慮しないこと、長打を区別しないこと等の理由により出塁率や長打率に比して得点との関連性が弱い。

出塁率（On-base Percentage）
犠打・インターフェアを除く打席のうちアウトにならず出塁した割合を表す指標。セイバーメトリクスによりアウトにならないことの重要性が認識され、

有用性が指摘された。
出塁率 =（安打＋四球＋死球）÷（打数＋四球＋死球＋犠飛）

長打率（Slugging Percentage）
1 打数当たり、平均してどれだけ塁打を得たかを表す指標。塁打とは「1×単打＋2×二塁打＋3×三塁打＋4×本塁打」で計算され、打者が進んだ塁の数で加重した安打数である。安打がすべて単打の場合、長打率は打率に等しくなる。
長打率 = 塁打÷打数

OPS（On Base plus Slugging Percentage）
総合的な打撃能力を表す指標。数値が高いほど、打席当たりでチームの得点に貢献する打撃をしている打者だと判断することができる。出塁率と長打率の和によって簡単に求めることができ、かつ得点との相関関係が強いことからセイバーメトリクスで重用される。
OPS= 出塁率＋長打率

ISO（Isolated Power）
打者の長打力を表す指標。長打率から単打を除外する形で計算されるため、単打はどれほど打ってもプラスとならず長打のみが加算の対象となる。
ISO= 長打率－打率

wOBA（weighted On Base Average）
打者が打席当たりにどれだけチームの得点増に貢献しているかを評価する指標。総合的な打撃力を表す。四球、単打、二塁打、三塁打、本塁打等の各項目について統計的な研究から妥当と思われる得点価値の加重を与え、打席当たりで平均することによって算出される。数字のスケールは出塁率に合わせられており .330 程度が平均。トム・タンゴによって開発された。各項目への重み付けが OPS よりも適切であり、wRAA や wRC という形で得点換算することが容易である点が特徴。
wOBA（NPB 版）=｛0.692×（四球－故意四球）＋ 0.73×死球＋ 0.966×失策出塁＋ 0.865×単打＋ 1.334×二塁打＋ 1.725×三塁打＋ 2.065×本塁打｝÷（打数＋四球－故意四球＋死球＋犠飛）
※正確には各イベントの係数はシーズンごとに異なる

wRAA（weighted Runs Above Average）
同じ打席数をリーグの平均的な打者が打つ場合に比べてどれだけチームの得点を増やしたか、または減らしたか。平均的な打者であればゼロとな

り、優れた打者では正の値、平均より劣る打者では負の値となる。wRAA が 10 であれば、理論的にはその打者が打つことによって同じ打席数を平均的な打者が打つ場合に比べてチームの得点が 10 点増えたと評価できる。
wRAA=（wOBA －リーグ平均 wOBA）÷ 1.24 ×打席

wRC （weighted Runs Created）
打者が創出した得点数を表す指標。数字が大きいほどチームに多くの得点をもたらしている打者と評価でき、リーグ全打者の wRC 合計はリーグの得点数合計に等しくなるという性格を持つ。打席数が多い選手ほど多くの wRC を稼ぐ機会が与えられていることになり、打席数が異なる選手同士の単純比較はできない。
wRC ={（wOBA －リーグ平均 wOBA）÷ 1.24 ＋リーグ総得点÷リーグ総打席} ×打席

BABIP （Batting Average on Balls In Play）
本塁打を除いてグラウンド上に飛んだ打球のうち安打となった割合を表す指標。主に投手において、多くの機会数を経れば BABIP の値はどの選手もリーグ平均値付近に収束していくこと、年度ごとの変動は運の影響が大きいことが明らかになっている。したがって極端に高いまたは低い BABIP は、翌年以降平均値に回帰していく傾向がある。
BABIP=（安打－本塁打）÷（打数－三振－本塁打＋犠飛）

DER （Defense Efficiency Ratio）
本塁打を除いてグラウンド上に飛んだ打球のうち、どれだけを野手がアウトにしたかを表す指標。チームの守備力を表す指標として用いられる。BABIP を守備の視点から見たものである。
DER=（打席－安打－四球－死球－三振－失策）÷(打席－本塁打－四球－死球－三振)

Batted Ball
打球。打球の性質などに着目した指標群。

GB% （Ground Ball percentage）
ファウルを除く打球（ファウルフライは含む）に占めるゴロ打球の割合。

FB% （Fly Ball percentage）
ファウルを除く打球（ファウルフライは含む）に占めるフライ打球の割合。

IFFB% （InField Fly Ball percentage）
フライ打球に占める内野フライの割合。

HR/FB （Home Run to Fly Ball rate）
フライ打球に占める本塁打の割合。パワーを備えているかを示す。

防御率 （Earned Run Average）
9 イニング当たりの自責点数。自責点は守備の失策によるものを除いた失点数。自責点に大きく影響する被安打が守備や運に左右されるためセイバーメトリクスにおいては投手の実力を表すものとしては必ずしも重視されない。
防御率 = 9 ×自責点÷投球回

失点率 （Run Average）
9 イニング当たりの失点数。防御率と異なり守備の失策による失点も含まれる。
失点率 = 9 ×失点÷投球回

FIP （Fielding Independent Pitching）
守備の関与しない与四球、奪三振、被本塁打という 3 つの項目から、守備から独立した防御率を評価する指標。本塁打以外の打球が安打になるかどうかは運の要素が大きいとする DIPS の考え方に基づき、投手の成績を独立して評価するために用いられる。トム・タンゴ考案。
FIP=（13 ×被本塁打＋ 3 ×（与四球－故意四球＋与死球）－ 2 ×奪三振）÷投球回＋定数
※定数＝リーグ平均防御率－（13 ×被本塁打＋ 3 ×（与四球－故意四球＋与死球）－ 2 ×奪三振）÷投球回

xFIP（Expected Fielding Independent Pitching）
被本塁打による揺らぎを補正した FIP。統計的な
研究により、投手の外野フライに対する本塁打の
割合は長期的には一定の割合に収束するとされる。
この性質に基づき、外野フライに一定の割合の本
塁打を見込んで FIP を計算するのが xFIP である。
絶対数が少なく揺らぎが大きい被本塁打の影響を
排除して投手の実力を評価することができる。
xFIP=（13 × 0.11 ×外野フライ＋ 3 ×（与四球
－故意四球＋与死球）－ 2 ×奪三振）÷投球回＋
定数　※定数＝リーグ平均防御率－（13 × 0.11
×外野フライ＋ 3 ×（与四球－故意四球＋与死
球）－ 2 ×奪三振）÷投球回

tRA（true run [allowed] average）
与四死球、奪三振、被打球による投手評価。守
備の関与しない与四死球・奪三振・被本塁打と
いう３つの項目(FIP)に加え、どのような打球を打
たれたかまで投手の責任範囲として、守備から独
立した失点率を推定・評価する指標。投手を守
備から独立して評価するという点については FIP
と同一ながら、打球の種類にまで踏み込んで、よ
り詳細に投手の失点阻止パフォーマンスを評価す
るために用いられる。
tRA ＝ {(0.297 × 四球 ＋ 0.327 × 死球 -0.108
× 奪三振 ＋ 1.401 × 被本塁打 ＋ 0.036 ×ゴロ
－ 0.124 ×内野フライ ＋ 0.132 ×外野フライ ＋
0.289 ×ライナー)÷（奪三振 ＋ 0.745 ×ゴロ ＋
0.304 ×ライナー＋ 0.994 ×内野フライ＋ 0.675
×外野フライ）× 27} ＋定数
※定数＝リーグ全体の[失点率－{(0.297 ×四球
＋ 0.327 ×死球－ 0.108 ×奪三振＋ 1.401 ×
被本塁打＋ 0.036 ×ゴロ－ 0.124 ×内野フライ
＋ 0.132 ×外野フライ＋ 0.289 ×ライナー)÷(奪
三振＋ 0.745 ×ゴロ＋ 0.304 ×ライナー＋ 0.994
×内野フライ＋ 0.675 ×外野フライ)× 27}]

K%（strikeout rate）
対戦打者に占める奪三振の割合。

BB%（walk rate）
対戦打者に占める与四球の割合。

K/BB（Strikeout-to-walk ratio）
奪三振と与四球の比。数値が高いほど与四球に
対し奪三振が多く有効な投球をしていることを表
す。
K/BB= 奪三振÷与四球

K-BB%（strikeout-walk rate differential）
奪三振割合から与四球割合を引いた値。比では
なく差を用いることにより、分母である与四球が
少ないと極端な数字になりやすい K/BB の欠点を
克服している。
K-BB%=（奪三振÷対戦打者）-（与四球÷対戦
打者）

Plate Discipline
投球に対する打者の対応に着目した指標群。

Swing%（Swing percentage）
スイング率。全投球に対し、対戦打者がスイング
した割合。

O-Swing%
ボールゾーンスイング率。ストライクゾーンの外
（outside）の投球に対し、対戦打者がスイングし
たケースの割合。

Z-Swing%
ストライクゾーンスイング率。ストライクゾーン
（zone）の投球に対し、対戦打者がスイングした
ケースの割合。

Contact%（Contact percentage）
コンタクト率。打者がスイングした際、打球（ファ
ウルボールも含む）が発生した割合。

O-Contact%
ボールゾーンコンタクト率。ストライクゾーンの
外（outside）への投球を、打者がスイングした際、
打球（ファウルボールも含む）が発生した割合。

Z-Contact%
ストライクゾーンコンタクト率。ストライクゾーン
（zone）への投球を、打者がスイングした際、打
球（ファウルボールも含む）が発生した割合。

SwStr%（Swing Strike percentage）
スイングストライク率＝空振り率。全投球に対し、
対戦打者が空振りしストライクとなったケースの
割合。

Whiff%（Whiff percentage）
打者がスイングした際、空振りをした割合。

PutAway%（Put Away percentage）
2 ストライクからの投球で三振させた割合

Pitch Value

球種を投じた際に生じた失点増減。カウント別の得点期待値（アウトカウント／走者状況／ストライクカウント／ボールカウント）を基に、投手が投じた各球種が、どの様な結果を積み重ね、失点を減少（あるいは増加）させたかを見た値。投手視点では、ストライクカウントが増える／アウトを取ることがプラスとなり、ボールカウントが増える／出塁を許す／失点を喫することでマイナスとなる。12球団の平均的な投手が基準で、プラスが大きくなればその球種を投げた結果が良いものだったことを表す。能力を示す指標としては限界があり、現在の数字が良いからといって、将来もそれが良いとは限らない。

UZR （Ultimate Zone Rating）

守備の貢献を同じ守備位置の平均と比較して得点化した守備指標。打球を位置、種類、速度ごとに細分化した上で守備者のプレーが失点阻止へもたらした影響をプレーごとに計測していきそれらを合計し、いくつかの補正を加えたものが最終評価となる。ミッチェル・リクトマンが開発した。

WAR （Wins Above Replacement）

打撃、守備、走塁、投球を総合的に評価して選手の貢献度を表す指標。あらゆる選手を同じ土俵で比較することができる。評価は同じ出場機会分を最小のコストで代替可能な選手（リプレイスメント・レベルの選手）が出場する場合に比べてどれだけチームの勝利数を増やしたかによって計算される。さまざまな算出法が提案されているが、一般的な枠組みは「攻撃評価＋守備評価＋守備位置補正＋投球評価＋代替水準対比価値」となる。

WPA （Win Probability Added）

イニング、走者、アウト状況別に平均的にどれくらいの勝率が見込まれるかの数値である勝利期待値を基に、各選手がどれだけ勝利期待値を増減させたかによって貢献度を評価する指標。仮に打席に入った時点のチームの勝利期待値が40%で、ヒットを打つことにより勝利期待値を42%に高めた場合、打者には0.02ポイントが与えられる。平均的な選手のWPAは±0。セイバーメトリクスにおいて多くの指標はプレーした状況に依存せず成績を中立的に評価するよう設計されているが、WPAはあえてプレーした状況における評価をすることにより同じヒットでも勝敗の分かれ目となる重要な場面のヒットをより高く評価し、試合のダイナミズムを描写する指標となっている。その一方で、数字の高低は選手の能力以外の要素にも影響されることとなる。

（蛭川皓平・編集部）

Author
著者

岡田 友輔 (おかだ・ゆうすけ)
統計的な見地から野球の構造・戦略を探るセイバーメトリクスを専門に分析活動に取り組む 。
2011 年にスポーツデータの分析を手がける DELTA（デルタ）を設立。2016 年に集計・算出した
データを公開する「1.02-DELTA Inc.」を開設。

道作 (どうさく)
1980 年代後半より分析活動に取り組む日本でのセイバーメトリクス分析の草分け的存在。2005
年にウェブサイト『日本プロ野球記録統計解析試案「Total Baseball のすすめ」』を立ち上げ、自身の
分析結果を発表。セイバーメトリクスに関する様々な話題を提供している。
 http://www16.plala.or.jp/dousaku/

蛭川 皓平 (ひるかわ・こうへい)
セイバーメトリクスの体系的な解説を行うウェブサイト『Baseball Concrete』を開設。米国での議論
の動向なども追いかけている。2019 年 11 月に『セイバーメトリクス入門 脱常識で野球を科学する』
（水曜社刊）を上梓。
http://baseballconcrete.web.fc2.com/
@bbconcrete

佐藤 文彦 (さとう・ふみひこ)
株式会社 DELTA が配信しているメールマガジンや「1.02-DELTA Inc.」にてレギュラーで分析記事を
提供。バレーボールの分析にも取り組む。2017 年 3 月に『［プロ野球でわかる！］はじめての統計学 』
（技術評論社刊）を上梓。
@Student_murmur

市川 博久 (いちかわ・ひろひさ)
弁護士。学生時代、知人が書いていた野球の戦術に関する学術論文の話を聞き、分析に興味を持つ。
その後、ノンフィクション小説『マネー・ボール』や DELTA アナリストらが執筆したリポートを参
考に考察を開始。球界の法制度に関する研究や情報発信も行う。
http://blog.livedoor.jp/hakkyuyodan/
@89yodan

馬見塚 尚孝 (まみづか・なおたか)
医療法人野球医学ベースボール＆スポーツクリニック理事長。1993 年に琉球大卒。2007 年に筑
波大大学院人間総合科学先端応用医学修了。筑波大学附属病院水戸地域医療センター講師を経て
2019 年より現職。筑波大硬式野球部チームドクター（～ 16 年）、筑波大学附属駒場高校硬式野球
部（18 年～）、東京工業大学硬式野球部（23 年～）にてコーチを務めるほか多方面で活躍。『「野球医
学」の教科書』『高校球児なら知っておきたい野球医学』（いずれもベースボールマガジン社刊）など
著書多数。

並木 晃史 (なみき・あきふみ)
学生時代に読んだ DELTA アナリストの蛭川氏の web サイトをきっかけに野球の分析に興味を持つ。
現在は投球や打球といったトラッキングデータの分析に取り組む。
@Baseball_Namiki

宮下 博志 (みやした・ひろし)
学生時代に数理物理を専攻。野球の数理的分析に没頭する。近年は物理的なトラッキングデータの
分析に取り組む。
@saber_metmh

二階堂 智志 (にかいどう・さとし)
自身の Web サイトで、野球シミュレーションゲームやセイバーメトリクスの分析結果を発表。成
績予測システム開発のほか、打順シミュレーター作成などの実績がある。
http://pennantspirits.blogspot.com/
@PennantSpirits

プロ野球を統計学と客観分析で考える
デルタ・ベースボール・リポート 7

発行日	2024 年 4 月 23 日　初版　第 1 刷
著　者	岡田 友輔・道作・蛭川 皓平・ 佐藤 文彦・市川 博久・ 馬見塚 尚孝・並木 晃史・ 宮下 博志・二階堂 智志
発行人	仙道 弘生
発行所	株式会社 水曜社 160-0022　東京都新宿区新宿 1-31-7 TEL 03-3351-8768　FAX 03-5362-7279 URL suiyosha.hondana.jp/
装　丁	若月 智之 (wakatsuki.biz)
カバー画像	Shutterstock.com
印刷	モリモト印刷株式会社

©DELTA 2024,Printed in Japan
ISBN 978-4-88065-563-5　C0075